Werner Küstenmacher präsentiert:

MS-DOS MÜHELOS!

Ein garantiert fröhlicher Cartoon-Computer-Kurs

verlegt bei SYSTHEMA in München

Werner Küstenmacher – MS-DOS mühelos

Warenzeichen:

15 14 13 12 11 10 9 8 7 6 5 4 3 2 1
92 91 90 89

ISBN: 3-89390-305-4

© 1989 by Systhema Verlag GmbH, Kreiller Str. 156,
D-8000 München 82 / West-Germany.
Alle Rechte vorbehalten
Umschlaggestaltung: Werner Küstenmacher, B&S, 4710 Lüdinghausen
Druck: Robert Pfeiffer GmbH Buch- und Offsetdruck
Herstellung/Gestaltung: Werner Küstenmacher und Pagemaker

Printed in W-Germany

Inhalt

Vorwort

Liebe Leserin,
Lieber Leser,

mit den Computern ist es wie mit meinem ersten Auto. Als ich's mir gekauft hatte, da dachte ich, das Ding würde auf Anhieb funktionieren. Ich hatte mir vorgenommen, der Faszination der Technik nicht zu erliegen und die Motorhaube nicht zu öffnen. Wenn es Probleme gibt, so sagte ich mir, dann gleich zur Werkstatt.

Aber es kam anders. Am Ende fand ich mich doch mit ölverschmierten Händen unter der Hinterachse. Immer zur Werkstatt war auf die Dauer zu teuer und zu umständlich. Außerdem macht das Basteln ja auch Spaß.

Das Betriebssystem ist irgendetwas unter der Motorhaube deines PC. Eigentlich sollte es still und bescheiden vor sich hin funktionieren. Aber es kommt immer anders. Am Ende findest du dich doch im Bastelraum der Grundsoftware. Und du stellst fest: Es macht sogar Spaß. Außerdem kriegst du nie ölige Finger und kannst im Sitzen arbeiten.

Hinter dem spröden Begriff »Betriebssystem« verbirgt sich eine interessante Gestalt. In diesem Buch wirst du sie leibhaftig sehen und schon nach kurzer Zeit plump-vertraulich mit ihr umgehen. Es handelt sich um eine dosenförmige Figur mit dem Namen M.S. DOSe. Er ist ein eigentümlicher Knabe, von trockenem Charme, zuweilen pingelig und bockig, alles in allem aber ein treuer Diener, auf den du dich 100prozentig verlassen kannst.

Jedenfalls wirst du nach der Lektüre dieses Buches sagen können wie einst Humphrey Bogart auf dem Flugplatz von Casablanca: »Das war der Beginn einer langen Freundschaft«.

Das verspricht

Dein Werner Küstenmacher

Werner Küstenmacher

PS Du erlaubst bitte, daß ich - ohne Rücksicht auf dein Alter - in diesem Vorwort »Du« zu dir gesagt habe. Schließlich haben wir ja jetzt einen gemeinsamen Bekannten. Auch dieser Herr DOSe hat extra für dieses Buch seine distanzierte Art aufgegeben und wird ab sofort »Du« zu dir sagen. Viel Spaß!

Kapitel 1
Wer M.S. DOSe ist

Das Betriebssystem gibt sich zu erkennen

Ich bin M.S. DOSE, die Betriebsnudel von deinem PC!

Ohne mich läuft in deinem Computi nichts. Das macht mich so wichtig, daß die ganze Sippe nach mir benannt wird. Wenn dich jemand fragt, was du für einen Computer hast, dann reicht der lässig hingeworfene Satz:

Ne DOS-Maschine

AMIGO

mecker topf

matahari

Laß dich nicht erschüttern, wenn diese Antwort bei deinem Gegenüber eine abschätzige Bemerkung auslöst. Mit mir bist du in bester Gesellschaft. Die meisten Computer der Welt sind DOS-Geräte, sie sind am billigsten von allen zu haben, sind robust und bringen den Benutzer direktemang ins Profi-Lager. Faustregel: Wer mit seinem Computer Geld verdienen will, braucht DOSe.

Das beste Beispiel ist dieser Mann. Er gründete in der grauen Vorzeit des ersten Heimcomputers Altair eine Zwei-Mann-Firma namens Microsoft, kaufte im Juli 1981 die Rechte eines kleinen Computerprogramms namens 86-DOS, stellte es im März 1982 der Öffentlichkeit vor unter dem Namen MS-DOS und ist heute (obwohl er immer noch aussieht wie ein Konfirmand) einer der reichsten Jungs der Welt.

BILL GATES

Bill, der demnach wenigstens als mein Zieh-
vater gelten kann, hat mich an IBM ver-
kauft, den größten Computerhersteller der
Welt. Das war sein bester Deal und bescher-
te mir meinen Zwillingsbruder PC-DOS.
Bis auf den Krawattenzwang in dem edlen
Unternehmen IBM ist er mit mir so gut wie
identisch.

Um meinen Wert zu erkennen, mußt du dich also erstmal in die Einzelteile deines
Computers einarbeiten. Weil sie allesamt wehtun, wenn sie dir auf den Fuß fallen,
bezeichnet man sie mit dem Oberbegriff Hardware.

Kapitel 2
Hardware

Die Hardware deines Computers

Wo M.S.DOSe wohnt

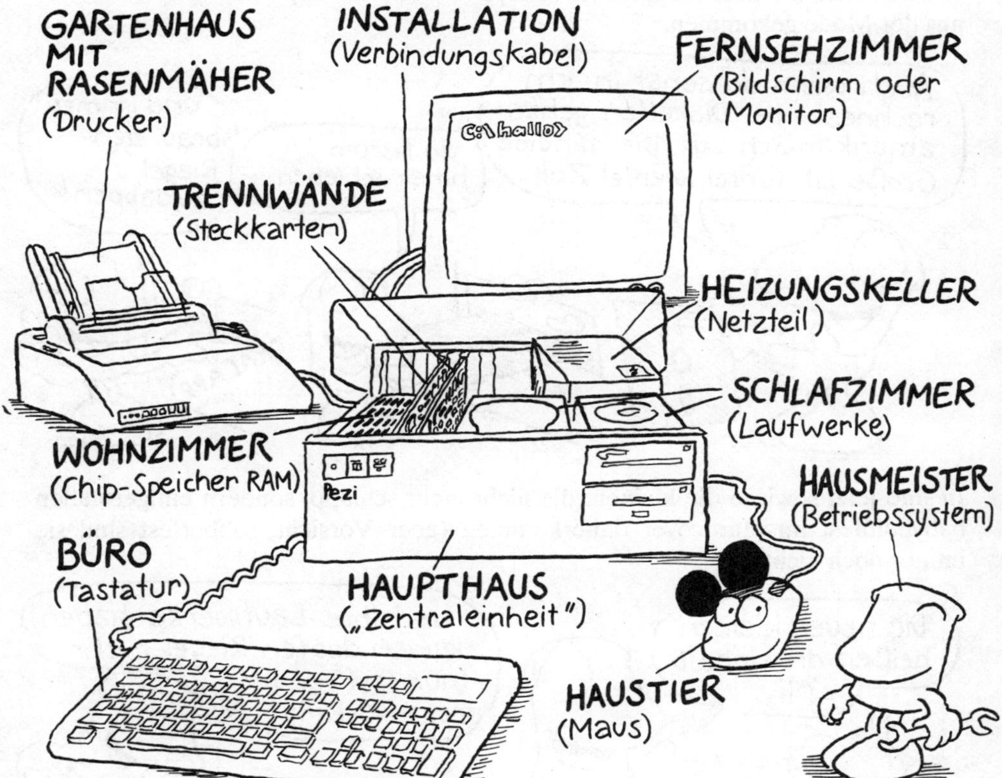

GARTENHAUS MIT RASENMÄHER
(Drucker)

INSTALLATION
(Verbindungskabel)

FERNSEHZIMMER
(Bildschirm oder Monitor)

TRENNWÄNDE
(Steckkarten)

HEIZUNGSKELLER
(Netzteil)

SCHLAFZIMMER
(Laufwerke)

WOHNZIMMER
(Chip-Speicher RAM)

HAUSMEISTER
(Betriebssystem)

BÜRO
(Tastatur)

HAUPTHAUS
(„Zentraleinheit")

HAUSTIER
(Maus)

Erklärungsbedürftig sind hier vor allem die Teile, die etwas speichern. Da gibt es Scheiben (auf englisch »disks«), die sich drehen und ein geniales Mittelding sind zwischen Schallplatte und Tonband.

Nein, zu dem Abspielgerät dafür sagen wir nicht Plattenspieler...

...sondern Laufwerk

Die Scheiben zum Herausnehmen, Verlieren und Kaputtmachen heißen Disketten. Der schöne Name Floppies oder Floppy Disks (»schlappe Scheiben«) ist etwas aus der Mode gekommen.

In sind jetzt sowieso die kleinen, die nicht mehr schlapp, sondern einigermaßen babybeißfest im Hardcover daherkommen (aber Vorsicht, sabberfest sind sie immer noch nicht).

In die wirklich ernstzunehmende Mittelklasse der PC-Society kommst du erst, wenn in deinem Computer eine Festplatte schnurrt. Sie stellt die unvermeidliche Weiterentwicklung der Diskette dar: Es paßt unglaublich viel drauf, aber man kann die eigentliche Scheibe weder herausnehmen, verlieren oder kaputtmachen. Das Traurige an diesem Statussymbol: von außen ist es kaum zu sehen. Nur ein kleines Lämpchen tut dem Kenner kund, daß hier Millionen von Bytes auf Achse sind.

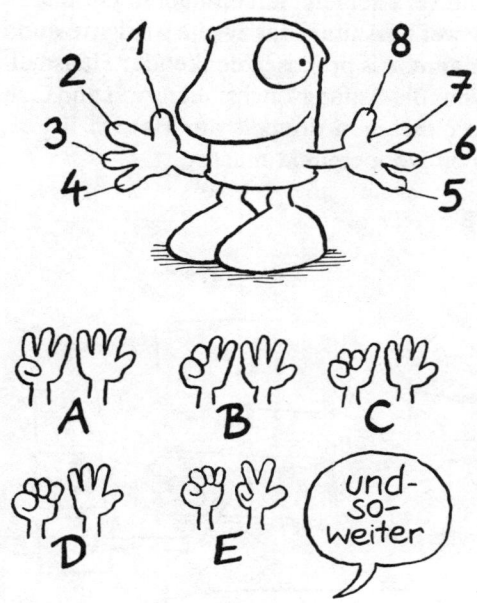

Klären wir gleich mal diesen häufigen Begriff. Acht Bits ergeben ein Byte. Das ganze Geheimnis der digitalen (lateinisch, »Finger«) Technik ist, daß man mit acht Fingern 256 verschiedene Zeichen darstellen kann. Das reicht ganz gut für alle Buchstaben in groß und klein, Zahlen, Satzzeichen, allerhand ausländische Buchstaben und ein paar Elemente, um Rahmen zeichnen zu können. In der Praxis entspricht ein Byte also einem Buchstaben. Das Wort »M.S. DOSe« belegt in deinem Textverarbeitungsprogramm einen Speicherplatz von elf Byte (neun für die Buchstaben, das Leerzeichen und die Punkte, zwei für die Anführungszeichen).

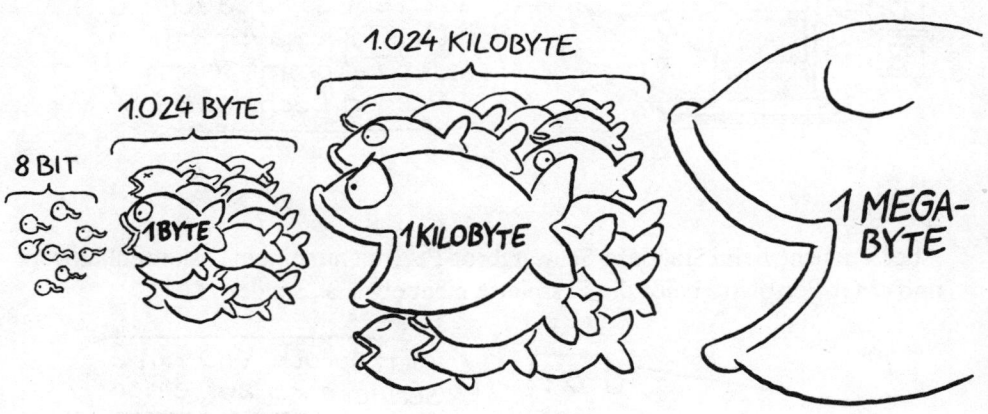

Tausend Byte (genau genommen sind es sogar 1.024) ergeben ein KiloByte, abgekürzt einfach K. Beispielsatz: »Wieviel K hat deine Sonntagspredigt?« Tausend K ergeben das berühmte Megabyte, was streng genommen wieder abgerundet ist. In einem MB stecken 1.048.576 Byte. Beispielsatz: »Wegen meiner neuen Festplatte bin ich megamäßig verschuldet.«

Damit Ordnung herrscht, muß jedes Laufwerk seinen Namen haben. Du hättest wohl am liebsten das erste Diskettenlaufwerk »Anita«, das zweite »Brigitte« und das Festplattenlaufwerk »Charlotte« genannt. Als praktisch denkender Hausmeister empfehle ich aber, der Kürze wegen nur die Anfangsbuchstaben A, B und C zu verwenden. Und weil mir alle Speichermaschinen doppelt am Herzen liegen, verlange ich, daß du dahinter immer einen Doppelpunkt machst.

Aber Vorsicht, beim Standard-Schwarzbrot-Pezi mit nur einem Diskettenlaufwerk und einer Festplatte heißt die Festplatte nicht etwa B:, sondern C:

Das führt uns zu einem hochphilosophischen Problem. Bei nur einem Diskettenlaufwerk kannst du dieses eine sowohl A: als auch B: nennen. Ich sage zu dem richtigen Laufwerk (hardware, tock, tock) »physisches« Laufwerk. Aber dieses Laufwerk kann zwei »logische« Laufwerke sein.

Das ist besonders praktisch bei kleinen Laptops mit nur einem einzigen Diskettenschlitz. Dann kannst du dank der Geschichte mit den zwei logischen Laufwerken ganz kommod von einer Diskette auf eine andere kopieren.

Neben der Speicherei auf schlappen oder festen Scheiben hat dein PC noch einen Speicher: aus Chips. Der kann sich nur etwas merken, solange dein Computer unter Strom steht. Dafür ist er aber schneller als jedes motorbetriebene Speichergerät.

21

Der Einfachheit halber sagen wir in diesem Büchlein »Chip-Speicher« dazu. Das beliebte deutsche Merkwort dafür wäre

Kapitel 3
Dateien

NEU!

Ab diesem Kapitel wird M.S.DOSE
assistiert von einem **alten Hasen**

Dateien

DOSes beste Freunde

Was wird nun auf all diesen Disketten, Festplatten und in den leckeren kleinen Chips gespeichert?

DATEN!

Der Worte sind genug gewechselt, laßt Daten folgen!

Damit ich besser damit umgehen kann, sind diese Daten immer handlich abgepackt in einzelnen Dateien.

Bisher war das ein recht abstrakter Begriff. In diesem Buch aber kannst du zum ersten Mal in der Computergeschichte Dateien leibhaftig sehen.

DATEN

DATEI ⇨

Ich bin eine DATEI

Dateien gibt es in jeder beliebigen Größe. Sie wird - natürlich - in Byte gemessen.

Tendenz: immer größer!

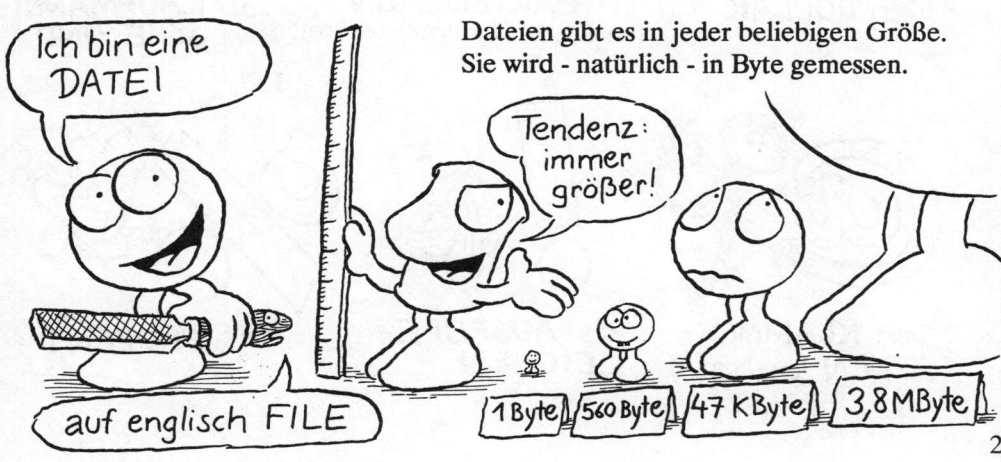

auf englisch FILE

1 Byte | 560 Byte | 47 KByte | 3,8 MByte

25

Tut mir leid, daß ich mit den Buchstaben so geizig sein muß (Ich stamme noch aus einer Zeit, als Speicherplatz rar und teuer war). Egal, ob du Groß- oder Kleinbuchstaben eingibst, ich wandle sie immer in Großbuchstaben um.

Außer Buchstaben und Zahlen darfst du in Dateinamen folgende Spezialzeichen verwenden:

Den **DOLLAR**

Den **GARTENZAUN** (englisches Nummernzeichen)

Das **KAUFMÄNNI- SCHE UND**

Den **KLAMMER- AFFEN** (engl. „at")

Das **AUSRUFE- ZEICHEN**

Das **PROZENT**

Die **TILDE** Den **TRENNSTRICH** Die **KLAMMERN** **UNTERSTREICHUNG** und **APOSTROPH**

Problematisch in Dateinamen sind unsere deutschen Sonderzeichen. Manchmal geht es gut, aber Probleme bekommst du spätestens dann, wenn du mit deiner Diskette mal mit einer englischen Version von mir (oder irgendeinem anderen englischsprachigen Programm) arbeiten mußt.

Verboten in Dateinamen sind diese Zeichen:

Nur erlaubt als Namenstrenner

Der **PUNKT** Das **KOMMA** Der **DOPPEL-PUNKT**

Streng reserviert für Laufwerke etc.

Das **FRAGE-ZEICHEN**

Der **SCHRÄGSTRICH** Der **RÜCKSCHLAG** Der **STERN**

Die **KLEINER-GRÖSSER-ZEICHEN**

Der **VERTIKALE STRICH** (mit Durchschuß)

Das **PLUSZEICHEN**

Das **ANFÜHRUNGS-ZEICHEN**

Das **GLEICHHEITS-ZEICHEN**

Das **LEERZEICHEN**

Mit acht Stück von allen erlaubten Zeichen gibt es ein paar Millionen verschiedener Dateinamen, so daß du genügend Spielraum haben müßtest. Im Laufe der Lektüre wirst du aber allerhand Befehle und Spezialdateien von mir kennenlernen. Deren Namen sind als Namen für deine Dateien tabu. Die meisten sind allerdings so extravagant, daß du von alleine nie draufkommen würdest. Oder möchtest du EXE2BIN oder CHKDSK heißen?

Erlaubte Namen wären also zum Beispiel:

28

Nicht für mich akzeptabel sind diese Ungetüme:

Von jeder Datei merke ich mir auch das genaue Geburtsdatum.

Das Tolle an der Sache mit den Dateien ist, daß ich es eigentlich nie mit etwas anderem zu tun habe. Im Grunde könntest du mich als Datei-Dienstherrn ansprechen oder so etwas. Denn, und das ist die Weltformel zum Verständnis von DOS:

Wir bezeichnen diese Einsicht auch als das Dat-Ei des Kolumbus. Eine Datei kann alles sein:

Lesbare Texte

LIESMICH.TXT
Solche Texte kann man nur lesen, wenn sie aus reinen sogenannten ASCII-Zeichen bestehen – ohne die vielen Anweisungen für den Drucker, die Textverarbeitung normalerweise e

Datensammlungen, die erst durch das zugehörige Programm richtig lesbar werden

KONKURS.DBF
@@00000
-35000DM1
40305 $ 3
+++20000DM
DM@@035000
200400++$41
3900@rrr59
873DM-----

Allerhand Krimskrams für Herrn DOSes Eigenbedarf

CONFIG.SYS
bluffer = 120
feile = 50
dieweiss=
dreiwer.sys
dieweiss=
ansie.sys
dieweiss=
andich.sys

*Vor allem aber ist auch jedes Computer**programm** eine Datei*

WORD.COM
Bitte eine Taste...

Solche maschinenlesbaren Dateien erkennst du am militärischen Familiennamen.
Es muß einer dieser drei sein:

Englische Grund-bedeutung:
command

.COM

Alles hört auf mein
COMmando!

richtig wäre
„executable" -
ausführbar

EXErziert!

.EXE

Sie sind sogar (geradezu
generalstabsmäßig) hier-
archisch geordnet. Falls
du sowohl WORD.COM
als auch WORD.BAT in
deiner Truppe hast,
marschiert auf den
Befehl WORD immer
nur WORD.COM mit.

eigentlich Batch,
also Stapel

BATaillon
Augään
gerradeauss!

.BAT

Es gibt noch andere quasi reservierte Familiennamen. Viele Programme vergeben
sie automatisch, um ihre eigenen Dateien bequemer wiederzufinden. Eine kleine
Auswahl der berühmtesten Datei-Clans:

.TXT

Ein Text aus einer Text-
verarbeitung, z.B. das
eben gezeigte Word

.SIK

Eine Sicherheitskopie
von so einem Text

.WKS — Ein **Work**sheet, also ein Datenblatt von Lotus 1-2-3 oder einem seiner Nachbauten

.DBF — Typischer Fall einer Datensammlung von dBase oder deren Verwandten

.PCX — Eine der vielen Sippen von Bildformaten

.BAS — Ein BASIC-Programm, das nur läuft, wenn du den passenden Puppenspieler dazu hast

Kapitel 4
Einschalten

Einschalten

Jetzt kommt Leben in die DOSe

Die DOS-Weltformel »Alles ist Datei« gilt auch für mich selber. Ich bestehe vor allem aus diesen drei Dateien:

> Diese beiden sind für dich normalerweise unsichtbar. Es gibt sie wohl, aber sie werden nicht angezeigt.

> Mit mir hast du am meisten zu tun. Wirst schon sehen.

MSDOS.SYS   IO.SYS   COMMAND.COM

> Die Namen dieser zwei können je nach Alter von Herrn DOSe variieren. Aber man sieht sie ja doch nicht.

Damit ich zu leben beginne, müssen diese drei Dateien in den Computer geladen werden (und zwar in den Chip-Speicher RAM). Damit dein Computer Dateien laden kann, muß ich aber zuerst im Computer sein. Es entsteht ein echtes Henne-Ei-Problem. Der Computer soll sich beim Einschalten wie einst Münchhausen an den eigenen Haaren aus dem Sumpf ziehen.

> Daher heißt der Vorgang auf Computeresisch »booten« [sprich „buhten"]

> Im englischen Sprachraum sagt man dazu „sich an den eigenen Stiefeln aus dem Sumpf ziehen".

Sumpf der Nicht-User

37

Möglich wird das Wunder durch ein kleines, fest im Computer verankertes Programm, das auch durch das Ausschalten nicht gelöscht wird.

Das ist das **BIOS-ROM**, das Leben (griechisch BIOΣ) spendende **B**asic **I**nput **O**utput **S**ystem **R**ead **O**nly **M**emory, zu deutsch etwa »unbeschreiblicher Rein-Raus-Controletti «

Und das befiehlt der süße ROM-Käfer:

Zähle deine Gehirnzellen und prüfe, ob alles an dir dran ist!

Bit für Bit granatenfit!

Monitor heizt sein Rohr!

Schnittstellen affenscharf!

Tastatur in Positur!

Schau mal, ob du eine Diskette in deinem Laufwerk hast (laß den Motor aufheulen, wow!)

Wenn auf der nicht meine Systemdateien drauf sind (du weißt schon, die unsichtbaren), knallt dir der Käfer eine Fehlermeldung auf den Schirm

R-ROHR: Nix Süstem funde hab i

Wenn nicht, guck auf der Festplatte nach!

Daher solltest du beim Starten keine Diskette im Laufwerk haben, wenn du eine Festplatte hast

Am besten Klappen offen lassen

38

So oder so: Zieh dir DOSes Dateien in deinen Chip-Speicher!

RAMa damma!

So, jetzt habe ich es geschafft und übernehme selber das Kommando - im wahrsten Sinne des Wortes. Meinen wichtigsten Helfer, das Programm COMMAND.COM, lade ich mir stets als erstes. Ab sofort ist es zuständig für alles, was du mir über die Tastatur befehlen wirst.

Ich suche gleich mal, ob es Dateien namens CONFIG.SYS oder AUTOEXEC.BAT gibt. Egal, ob's welche hat:

TUSCH!

THE BILL GATES SILICON BIG BAND

Jetzt bist du eine DOS-Maschine!

Millionen von Kolleginnen heißen dich willkommen!

Das war der sogenannte Kaltstart: Der Computer war ausgeschaltet, also »kalt«, und du hast ihn mit dem großen roten (oder sonstwie bunten) Netzschalter angemacht.

Nun kommt es trotz (oder wegen) des enormen technischen Fortschritts immer wieder mal vor, daß dein PC »abstürzt«. Er reagiert nicht mehr auf dich. Nichts geht mehr. Du möchtest wieder ganz von vorne anfangen. Dazu gibt es eine etwas elegantere Möglichkeit, den »Warmstart«.

Beim Warmstart geht das Booten ein wenig schneller. Neuere Computer haben eine Reset-Taste außen am Gehäuse, die das Gleiche bewirkt wie der flotte Tasten-Dreier. Wenn dein PC diese Taste hat, solltest du die finale Geierkralle nicht benutzen.

Als Zeichen, daß ich in der Maschine wohne, setze ich ein bescheidenes Symbol meiner Anwesenheit auf den Bildschirm. Weil es zeigen soll, daß ich ab nun jederzeit für dich zur Stelle bin, nennt man es den Prompt (im schönen DOS-Deutsch mit Behördentouch »Eingabeaufforderung«).

Jetzt bin ich zwar in deinem Computer so eine Art Chef und werde meine Pflichten auch alle erfüllen. Viel effektiver wirst du aber mit mir zusammenarbeiten, wenn du mir mein gewohntes Hilfspersonal zur Verfügung stellst. Auf der DOS-Systemdiskette sind sie alle drauf, und im Laufe dieses Buches werde ich dir die tüchtigsten von ihnen vorstellen.

Um mit mir in Kontakt zu treten, mußt du in die Tasten hauen. Daher ist es von Vorteil, wenn wir erstmal ein paar Fingerübungen machen.

Kapitel 5
Tastatur

DOSes Klavier

Tja, da hast du gemeint, du hättest an der Schule alle Buchstaben gelernt. Und dann komme ich und biete dir ein Schreibklavier mit über 100 Tasten. Manche meinen, das könne man alles lernen. Aber in Zusammenarbeit mit der Firma IBM und allen ihren Nachahmern ist es gelungen, für gleiche Tasten bis zu vier verschiedene Namen zu erfinden. Da bleibt dir nichts anderes übrig, als in den folgenden Bildern die Tastenbezeichnungen **deines** Computers herauszufinden.

45

Wegen der Sparsamkeitswut der ersten PC-Konstrukteure haben die älteren PCs keine eigenen Cursortasten. Sie sind stattdessen Untermieter auf dem Ziffernblock am rechten Rand meines Klaviers. Der Ziffernblock ist ein beliebtes Instrument für Buchhalter und Steuerberater, wenn sie die lässige Einhandtechnik zur Eingabe langer Zahlenkolonnen beherrschen.

Zwischen den beiden Bedeutungen der Ziffernblock-Tasten kannst du umschalten mit dieser Taste:

Kummervoll können einen auch die verschiedenen Bemühungen stimmen, die anderen Tasten der Cursorsteuerung ins Deutsche zu übersetzen. Auf manchen Tastaturen herrscht ein fröhliches Durcheinander deutscher und englischer Bezeichnungen, was gewiß völkerverständigende Gründe hat. Hier eine Übersicht :

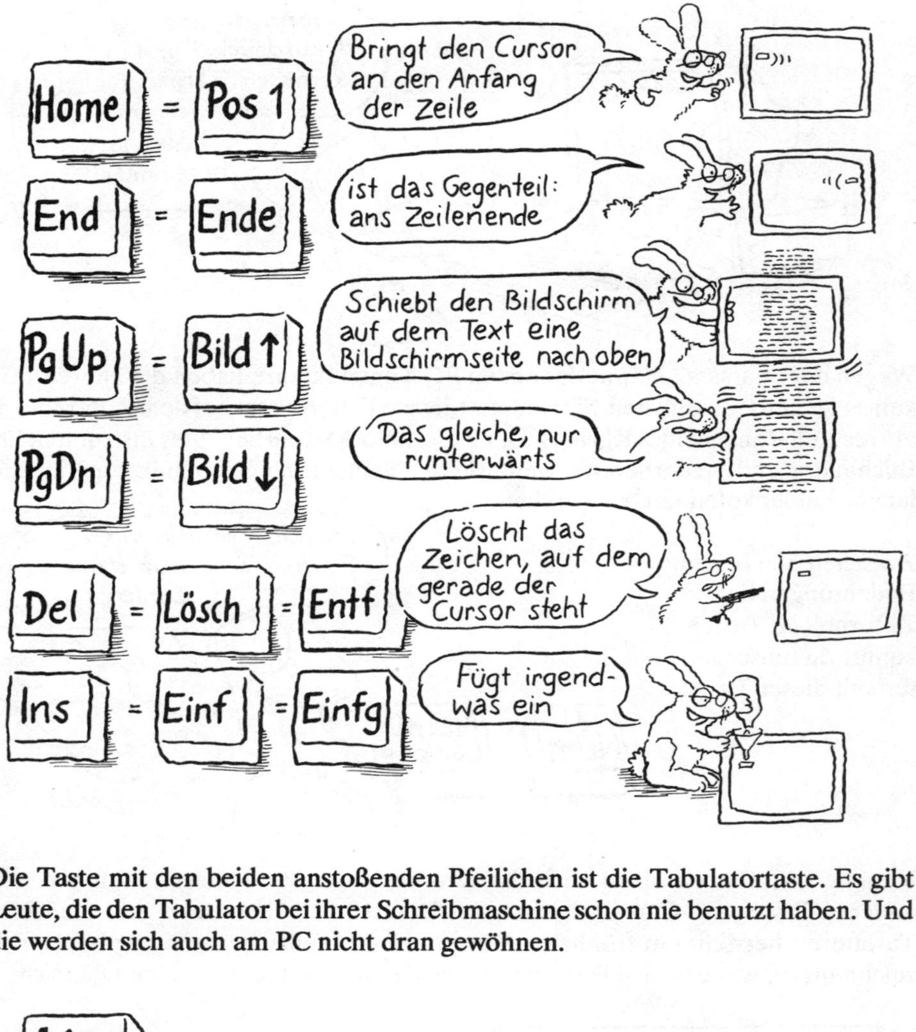

Home	=	**Pos 1**	Bringt den Cursor an den Anfang der Zeile
End	=	**Ende**	ist das Gegenteil: ans Zeilenende
PgUp	=	**Bild ↑**	Schiebt den Bildschirm auf dem Text eine Bildschirmseite nach oben
PgDn	=	**Bild ↓**	Das gleiche, nur runterwärts
Del	=	**Lösch** = **Entf**	Löscht das Zeichen, auf dem gerade der Cursor steht
Ins	=	**Einf** = **Einfg**	Fügt irgend- was ein

Die Taste mit den beiden anstoßenden Pfeilichen ist die Tabulatortaste. Es gibt Leute, die den Tabulator bei ihrer Schreibmaschine schon nie benutzt haben. Und die werden sich auch am PC nicht dran gewöhnen.

Äußerst wichtig für ein ungetrübtes Verhältnis zwischen uns ist die Kenntnis der

DRÜCK-MICH-NICHT-ALLEIN-TASTEN:

Der **GROSSMACHER** dürfte dir von der Schreibmaschine hinlänglich bekannt sein

SHIFTALABIM

Shift = ⬆ = Umschalt

Diese Taste dient hauptsächlich dazu, im Weg zu sein, um von dir versehentlich getroffen zu werden UND AM bILDSCHIRM FÜR aBWECHSLUNG ZU SORGEN:

Der **DAUER-GROSSMACHER** („Feststeller", „Capitals lock")

Funktioniert übrigens <u>nicht</u> genau wie der normale Großmacher: Shift-5 ist % CapsLock-5 ist 5

Caps Lock = ⬇ = FestSt

In Verbindung mit der Drück-mich-nicht-allein-Taste »Control« (oder gut deutsch »Steuerung«) bekommen alle Tasten noch eine dritte Bedeutung.

Ctrl = Strg

Toll: Buchstaben der dritten Art!

CONTROLLETTI

Aus einem A wird Ctrl-A, zur Verwirrung am Bildschirm aber anders geschrieben:

^A

CONTROLUSPOCUS Ctrl-A

Bei mir brauchst du hauptsächlich zwei Zeichen der dritten Art:

> Der Bindestrich heißt immer: Beide Tasten zugleich drücken (am besten zuerst Ctrl, draufbleiben, dann S)

Ctrl – S

> ist die **STOP-KOMBINATION**, falls mal was zu zügig über den Bildschirm rollt

Ctrl – C

> Leicht zu merken als **C&C**: Die etwas rohe Art, ein Programm abzubrechen. Bei meinen kleinen Helfern oftmals nützlich

Das gleiche bewirkt die Kombination

Ctrl – Break

Weil die verflixte Break-Taste aber meist fernab liegt und in der Aufregung gern unauffindbar wird, rate ich dir, dein Gehirn nur mit der Eselsbrücke C&C zu belasten.

Die Alternativbewegung hat auch vor meinem Klavier nicht haltgemacht. Mit »Alt« wird die vierte Dimension aller Tasten eröffnet. Eigenartigerweise hat diese Taste in allen Ländern der Erde und bei allen PC-Abarten den gleichen Namen.

50

Mit der Kombination mehrerer Drück-mich-nicht-allein-Tasten kannst du auf der Tastatur sogar noch in die fünfte, sechste und noch höhere Dimension aufsteigen. Recht beliebt ist die Verbindung Ctrl-Alt-Buchstabe. Damit kommst du übrigens an die Zeichen heran, die auf der Vorderwand deiner Tasten oder rechts oben abgebildet sind.

Eine enorme Bereicherung des deutschen Alphabets!

Eine davon ist der Rückschlag (englisch »backslash«), der im deutschen Sprachraum bislang unbekannt und überflüssig war. Bitte nicht verwechseln mit dem vorwärts schlagenden normalen Schrägstrich (»slash«, Shift-7). Den Rückschlag wirst du wegen meiner wundervollen Idee mit den Schachteln oft brauchen. Es ist mir schrecklich peinlich, daß ausgerechnet diese Taste auf deutschen Tastaturen reichlich unpraktisch zu erreichen ist. Daher jetzt die angedrohten Fingerübungen.

Je nach Tastatur brauchst du dafür

Den DREIZACK Ctrl-Alt- ⧴

CLUB MED COMPUTER CAMP

oder den VERSCHÄRFTEN DOPPELGRIFF Ctrl-Alt- scharfes S (zu zwei Händen, Köchel-Verzeichnis Nr. 92 in Es-Dur)

Der neueste Schrei auf AT-Tastaturen ist die »große Alternativtaste«, die dir bei dieser Kombination einen Finger sparen hilft:

Die Alt-Taste bietet noch einen netten Zaubertrick: Halt mal die Alt-Taste gedrückt und gib auf dem Ziffernblock eine Zahl zwischen 1 und 256 ein.

Wenn du mit den ganzen Spezialgriffen für den Rückschlag nicht zurechtgekommen bist oder sie nicht funktionieren (wie zum Beispiel beim alten Microsoft Word), behilfst du dir mit diesem Zaubertrick und gibst Alt-92 auf dem Ziffernblock ein. Für derartiges Malen-nach-Zahlen brauchst du eine Tabelle mit allen Zeichen. Was, du hast noch keine? Ich habe eine gute Nachricht für dich: Hier in diesem Buch ist hinten eine drin!

Kapitel 6
Verzeichnisse und Pfade

Verzeichnisse und Pfade

DOSes Schachtelsystem

Wehret den Anfängen!

Du wirst es bald bemerken: Die süßen kleinen Dateien vermehren sich wie die Kaninchen. Auf einer Festplatte sind schnell mehrere hundert Dateien. Sehr unübersichtlich.

Daher habe ich die Sache mit den Schachteln ersonnen. Im korrekten DOSe-Deutsch heißen diese Schachteln »Verzeichnisse«, auf englisch »directories« (was der Durchschnittsamerikaner übersetzen würde mit »Telefonbücher«).

Die Schachteln sind baumartig miteinander verbunden. Manche sagen daher auch Hauptverzeichnis, Verzeichnis, Unterverzeichnis... unterunter soweiter

HAUPTVERZEICHNIS

VERZEICHNIS

VERZEICHNIS

VERZEICHNIS

Obwohl genial einfach, sorgt dieses System bei unordentlichen Leuten für Verwirrung. Aber keine Angst.

UNTER-VERZEICHNIS

UNTER-VERZEICHNIS

UNTERUNTER-VERZEICHNIS

Wenn du bislang noch keine Schachtel gebaut hast, befindet sich auf deiner Diskette oder Festplatte nur eine einzige Schachtel: das Hauptverzeichnis, oder eben die Hauptschachtel. Es hat keinen Namen, sondern heißt nur \ (ja, da ist er, der Rückschlag). Automatisch im Hauptverzeichnis sind immer meine Systemdateien - und da müssen sie auch bleiben.

So baust du deine erste DOS-Schachtel, und lernst dabei gleich mal kennen, wie du mir Befehle erteilst. Wenn du mein Lebenszeichen siehst (den Prompt A>), tippst du folgendes ein:

Sodala, jetzt gibt es die neue Schachtel, aber du merkst noch nichts davon.

Du mußt erst einmal deinen eigenen Standort dorthin verlegen. Im geschwollenen DOS-Deutsch heißt es »das momentane Verzeichnis ändern«. Das geschieht mit dem Befehl CD, verbunden mit dem neuen Schachtelnamen:

Eventuell merkst du immer noch nichts. Dann vergewissere dich, indem du den Befehl CD ganz ohne Zusätze eintippst:

Um wieder zurückzugelangen, brauchst du ebenfalls den Charter-Befehl CD, diesmal mit dem Namen der Hauptschachtel:

Etwas verzwickter wird es, wenn du in die dritte Ebene der Verschachtelung gelangst. Wir wollen das spaßeshalber mal tun. Mach die neue Schachtel WORD:

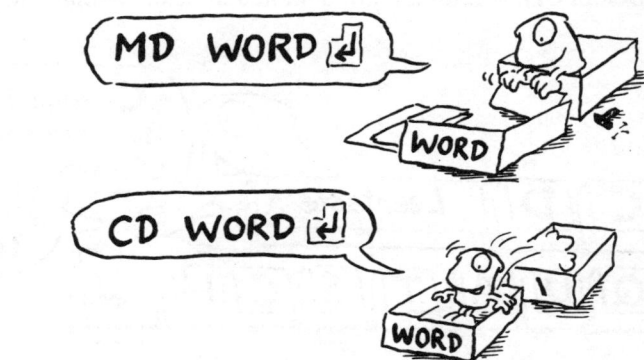

und setz dich rein:

Mit der praktischen kleinen Schachtelfabrik MD produzierst du von dort aus ein Unterverzeichnis für deine BRIEFE:

und charterst es in der gewohnten Weise:

Wenn du jetzt zur Kontrolle das pure CD eingibst, wirst du merken, daß die neueste Schachtel gar nicht nur \BRIEFE heißt, sondern mit vollem Namen

Diesen vollen Namen nennt man auch den Pfad. Denn er zeigt ja, durch welche Schachtel ich hüpfen mußte, um von meinem Hauptwohnsitz \ in die äußere Provinz zu gelangen.

Sagen wir mal, in der Briefschachtel wäre eine Datei namens KLAMAUK.TXT:

An meinem vollen Namen samt Laufwerk und Pfad kannst du jetzt genau sehen, wo ich wohne:

C:\WORD\BRIEFE\KLAMAUK.TXT

Dieser dritte Rückschlag dient Herrn DOSe dazu, Dateinamen und Schachtelnamen auseinanderzuhalten.

Wie du in die Hauptschachtel zurückkommst, weißt du ja schon. Um in die WORD-Schachtel zu gelangen, gibt es jetzt zwei Möglichkeiten: Entweder gibst du wieder den kompletten Pfad ein:

CD \WORD ⏎

Oder du benutzt den Spezial-Charterservice Pünktchen&Pünktchen, der dich stets in die nächsthöhere Schachtelebene führt:

C D Leertaste . . ⏎

Wieder das bereits erwähnte Leertastenproblem: Ab DOS Version 3.0 kannst du es weglassen

Lieber eine zuviel

61

In der Praxis eröffnen viele Programme automatisch ihre Unterverzeichnisse (ein Vorgang, den man im Unterschied zu meiner Schachteltischlerei ziemlich klemptnermäßig Installation nennt). Allzu oft wirst du MD also gar nicht benutzen. CD aber kannst du immer gebrauchen. Auf dem Wimmelbild der nächsten Doppelseite findest du alle Hüpf-Kommandos nochmal versammelt. Guck mal, ob du alle auch selber herausgefunden hättest.

Ein Kommando, das dir dort begegnet, fehlt noch: Mit RD kannst du Schachteln auch wieder zerstören. Das funktioniert allerdings nur, wenn die Schachtel völlig leer ist.

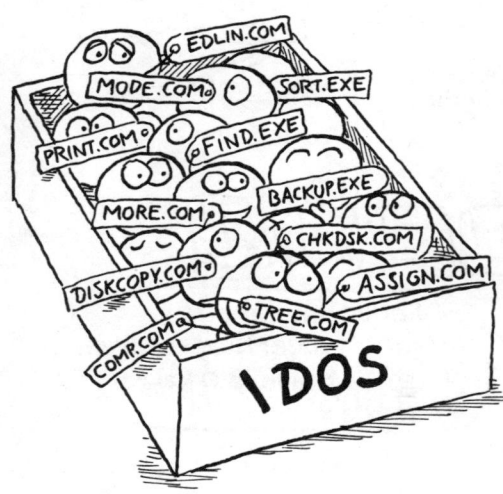

Auf der nächsten Doppelseite siehst du auch die praktische Idee, für meine vielen kleinen Hilfsprogramme ein eigenes Schächtelchen einzurichten. Die Hauptschachtel solltest du so leer wie möglich lassen. Überhaupt gilt auf der Festplatte, was in jedem ordentlichen Haushalt gilt: Lieber ein paar Aufbewahrungsmöglichkeiten zu viel als alles kreuz und quer herumliegen zu lassen.

Jeder Versuch, Ordnung zu schaffen, ver-
ursacht aber erfahrungsgemäß Probleme,
Dinge wiederzufinden. Denn du kannst
jetzt nur noch Programme starten, wenn
du dich in deren Schachtel befindest.

Um etwas zum Laufen zu bringen, mußt
du nicht nur den Dateinamen wissen,
sondern auch durchblicken, wo es wohnt.

Wenn du das weißt, kannst du
auch über Schachtelgrenzen
hinweg Programme aufrufen
(vorausgesetzt, du besitzt nicht
eine angegraute Fassung von
mir, sondern mindestens eine
M.S.DOSe mit dem Verfallda-
tum 3.2). Meist ist es jedoch ge-
schickter, zuvor mit CD in die
Wohnschachtel des Programms
umzusteigen. Denn viele Programme benötigen zum Funktionieren weitere Dateien aus
ihrem Schächtelchen.

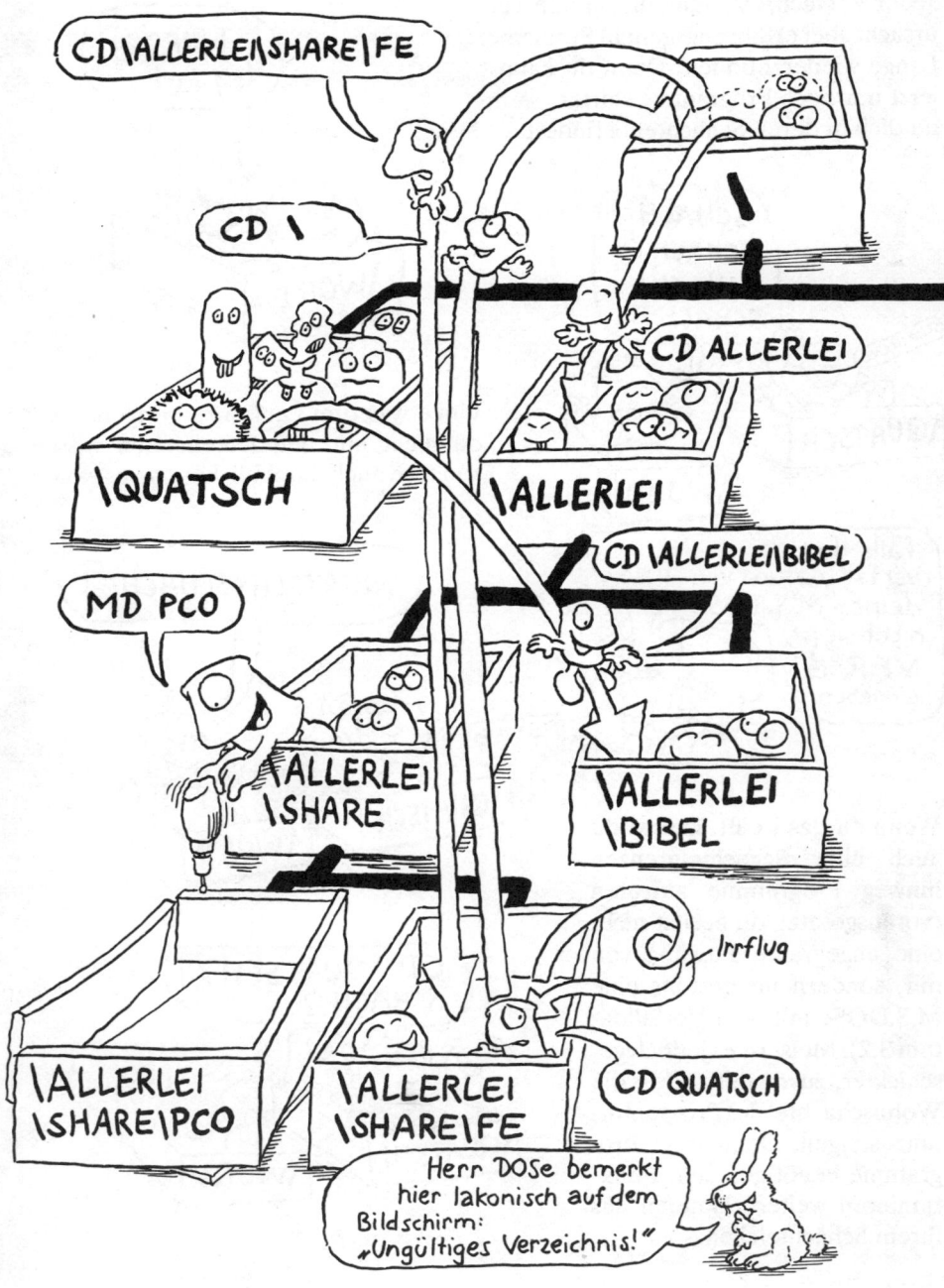

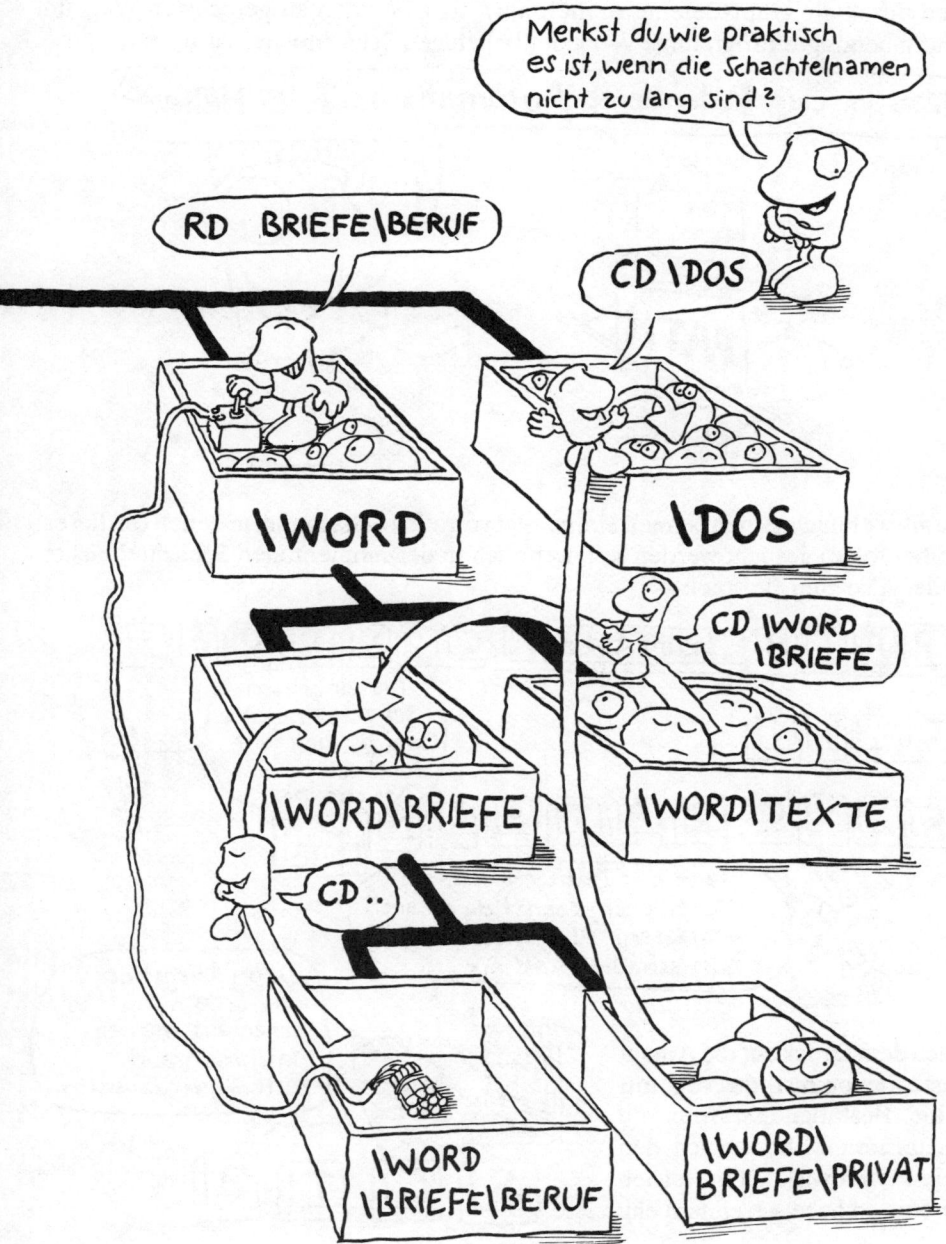

Sind dir all die Hüpf-Befehle zu mühsam? Es gibt einen ausgefuchsten Weg, um häufig benötigte Programme von jeder beliebigen Schachtel aus zu starten:

Das ist der **Patentierte Automatische Tele-Helfer**(P)

Du gibst einfach seinen Namen ein, gefolgt von allen Schachteln, in denen (in dieser Reihenfolge) gesucht werden soll, wenn ich in der momentanen Schachtel nichts finde. Also zum Beispiel:

P A T H Leertaste C : \ D O S ;

C : \ ;

C : \ Q U A T S C H ↵ ENTER

Die einzelnen Schachtelnamen werden getrennt durch einen Strichpunkt

Wenn das Laufwerk immer dasselbe ist, kannst du es auch weglassen. Aber wieder mal gilt: schaden tut's nix

Dann kriegst du eine Liste mit Sachen aus meinem Maschinenraum. PATH müßte dabeisein.

Nach dem Druck auf die Amen-Taste bekommst du von mir keine Bestätigung. Wenn du nachprüfen willst, ob ich den Tele-Helfer wirklich in Betrieb genommen habe, gib einfach ein:

S E T ↵

So funktioniert P.A.T.H. (die Englischkenner mit Pfadfindervergangenheit haben es bereits gewittert: Es handelt sich um einen Befehl zur Einrichtung eines Trampelpfades, und das Fähnlein Fieselschweif läßt grüßen):

Du kannst den automatischen Tele-Helfer sogar automatisch automatisieren, indem du die PATH-Anweisung in die automatische Datei AUTOEXEC.BAT schreibst. Lernst du später.

Bei der Gelegenheit solltest du dir gleich noch eine andere Annehmlichkeit einrichten, die dir dein Leben in der Schachtel leichter macht. Mein Lebenszeichen, den Prompt, kannst du dir nach eigenem Gusto umbauen. Als allgemein empfehlenswert hat es sich erwiesen, daß ich dir stets mitteile, in welcher Schachtel du dich gerade befindest. Gib einfach mal ein:

Andere nette Prompts:
$T zeigt die Uhrzeit,
$D das Datum,
$V die Versionsnummer von Herrn DOSe. Und alles ist kombinierbar

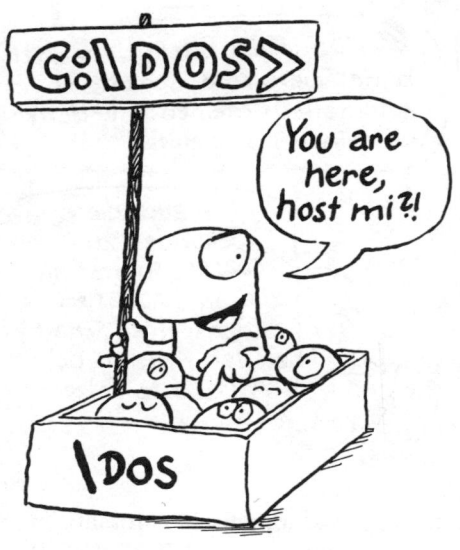

Falls es nicht auf Anhieb klappt: Kontrollieren kannst du den neuen Prompt wieder mit einem Blick in meinen Maschinenraum durch die Eingabe des kurzen Befehls SET. Wahrscheinlich hast du mal wieder ein Leerzeichen zuviel oder zu wenig eingegeben. An diesem Punkt bin ich schrecklich eigen.

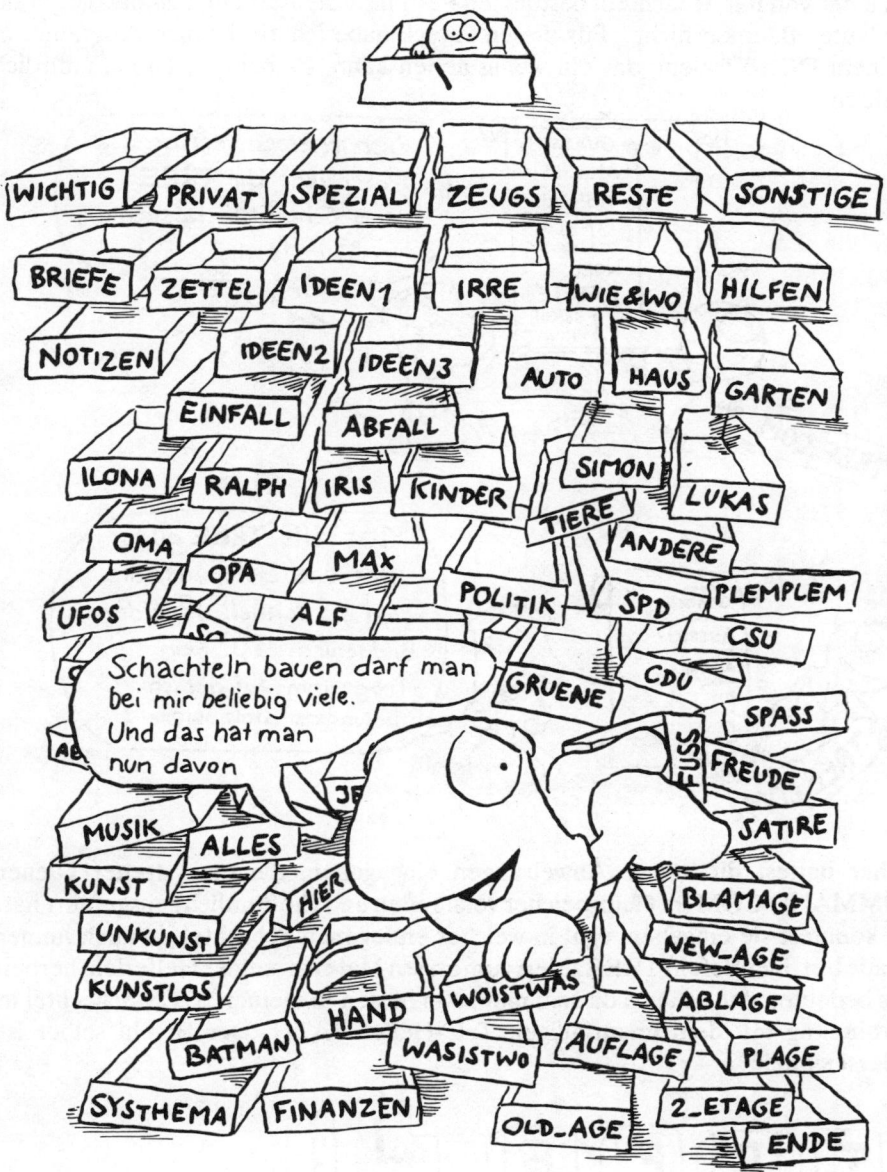

Bei einer voll mit Schachteln bestückten Festplatte siehst du manchmal den Wald vor lauter Bäumen nicht. Für diesen Zweck habe ich ein kleines Programm in meinem DOS-Kästlein, das ein wenig helfen kann. Es heißt »Baum«, natürlich englisch:

Seit meiner Version 3.3 präsentiert dir **TREE** deine Schachteln tatsächlich in Baumform

Das alte **TREE** gibt eine öde Liste aus, die viel zu schnell über den Bildschirm rast. Kein Programm, auf das ich besonders stolz wäre

Bisher hattest du immer Anweisungen eingegeben, die mein treuer Diener COMMAND.COM im Chipspeicher verstanden und (hoffentlich) ausgeführt hat. Du konntest sie eingeben, egal in welcher entlegenen Schachtel du auch immer gerade bist. Der Befehl TREE zitiert zum ersten Mal eins meiner Helferlein herbei. Das bedeutet, daß es auch da sein muß. Am besten in meiner \DOS-Schachtel in Verbindung mit dem unauffälligen Tele-Helfer PATH. Der Befehl selber ist äußerst simpel:

70

Wenn du keine Festplatte besitzt, muß in dem aktuellen Laufwerk (sagen wir mal, A:) meine Systemdiskette sein, oder halt irgendeine Diskette mit meinen Helferlein drauf. Du gibst dann ein:

Falls du überhaupt nur ein Laufwerk hast, setzt hier bereits eine sinnvolle Anwendung des Geister-Laufwerks B: ein. Ich werde dich dann kurz bitten, die Diskette zu wechseln, und meine Baumschule wird eröffnet.

> Ohne Festplatte hat es natürlich nicht so sehr viel Sinn, viele Schachteln zu bauen. Aber möglich ist es und manchmal ganz praktisch.

> Hoffentlich war das verständlich. Denn von jetzt an rechne ich damit, daß du mir meine Helferlein anstandslos bereithältst.

Kapitel 7
Inhaltsverzeichnis

DOSe zeigt's dir

Schau ab und zu mal den Computerfreaks auf die Finger, wenn du welche triffst.
Eine typische Szene will ich dir mal genau zeigen:

Bei DIR wirst du verstehen, warum deine Anweisungen an mich »Befehle« heißen. DIR hat etwas unbestreitbar Militärisches. Es bewirkt, daß sich alle Dateien einer Schachtel in Reih und Glied aufstellen und ordentlich Meldung machen:

Diese Meldungen werden auf deinem Bildschirm in Form einer sauberen Liste ausgegeben, die jeder Schreibstube Ehre machen würde:

```
A:\> dir
Diskette/Platte hat keinen Namen
Verzeichnis von A:\

GEFREI      TER     2020    13.08.89    23.33
SCHUETZE    A_      2019    14.08.89     0.12
KANONIE     R       2017    14.08.89     2.14
GENERAL             2016    16.08.89    12.01
```

Du kannst diesen Sturmmarsch anhalten, wenn du reaktionsschnell meine Halt-Kombination betätigst:

Die Dateinamen ziehen weiter, wenn du irgendeine Taste drückst. Der kampfer-probte Kommandeur drückt gewitzterweise einfach nochmal Ctrl-S und läßt seine Finger gleich in derselben Hab-Acht-Stellung.

Es geht aber viel eleganter, mit meiner schlagkräftigen Paraden-Automatik:

D I R / P [ENTA]

> Obacht! Das ist der normale Schrägstrich, das Zeichen für einen „Schalter". So nennt man solche Zusätze hinter einem Befehl

Dann bleiben die Kameraden automatisch stehen, wenn ein Bildschirm voll ist:

DIR/P

Bitte eine Taste drücken...

eine Taste

Ein anderer Weg, die Parade in bequemer Form abzunehmen, ist die »Methode Weitblick«. Hier erfährst du nur noch die puren Namen der Landser, aber die Truppe ist in übersichtlichen Viererreihen angetreten:

In welcher Formation auch immer: DIR bietet hohen Nutzen und ist mit Recht eines meiner am meisten benutzten Kommandos.

```
A \ HUHU>dir
Diskette/Platte hat keinen Namen
Verzeichnis von A:\HUHU

COMMAND  COM  22474  31.12.88  17:00
NOCHWAS  COM   1000  13.08.89  12.13
GUCKMAL  COM    503  13.09.89  13.13

4 Datei(en)  3900563 Byte frei
```

Pflichtbewußt wird der Scheibenname genannt – oder Fehlanzeige erstattet

Du kriegst nochmal gezeigt, in welcher Schachtel du weilst

Für Statistik-Freaks wird sogar berichtet, wieviel Kameraden angetreten sind.

Und, sehr hilfreich: eine Bekanntmachung, wieviel Platz noch in der Kaserne, äh, auf der Platte ist.

Nicht uninteressant ist auch die genaue Größe jeder Datei. Wenn mein Liebling COMMAND.COM über Nacht größer wird, dann ist ein Virus auf deiner Festplatte.

Aber DIR, die Allzweckwaffe, kann noch mehr. Du kannst damit auch eine einzelne Datei antreten lassen:

Wenn die abkommandierte Datei nicht in der momentanen Schachtel Dienst tut, bekommst du einen Satz zu hören, den du in Zukunft noch oft von mir ertragen wirst müssen:

Das wunderbarste aber ist die Sache mit den Pappkameraden. Eine Einrichtung, die dir noch viel helfen wird im Umgang mit mir. Wir üben sie am besten jetzt (unter Manöverbedingungen), weil du mit DIR nichts kaputtmachen kannst.

Wenn du einen oder mehrere Buchstaben einer Datei nicht weißt, tippst du stattdessen einen Pappkameraden. Wenn du sicher bist, wieviele Buchstaben dir fehlen, nimmst du für jeden fehlenden den Pappkameraden »Fragezeichen«.

Das Ergebnis wird dir - beim Militär ja selten genug - ein Erfolgserlebnis bescheren.

Fragezeichen als Pappkameraden kannst du beliebig viele verwenden. Wie du siehst, treten dann alle Dateien vor, die in das Raster deiner Fahndung passen:

Wenn du eine unbestimmte Anzahl von Buchstaben durch Pappkameraden ersetzen willst, benutzt du den Pappkameraden »Stern«.

Du kannst sogar * und ? kombinieren. Aber Vorsicht: Alle Buchstaben hinter einem * ignoriere ich:

. heißt schlichtweg »alle«. Der Ausdruck »Stern Punkt Stern« ist unter Computeranern schon ein hochdeutsches Wort geworden und wird irgendwann auch in den Duden aufgenommen werden müssen.

Jetzt wollen wir das nochmal im Überblick exerzieren:

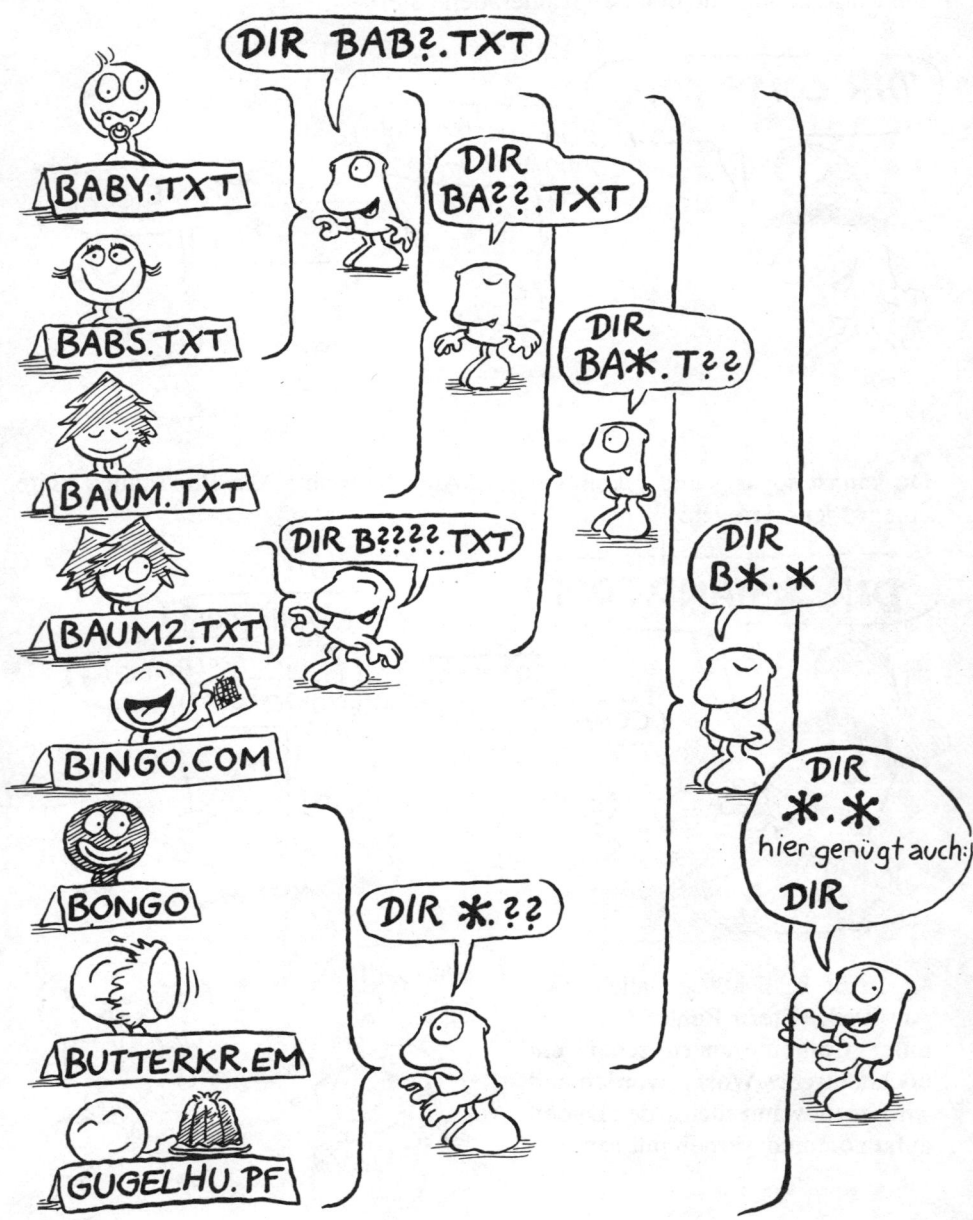

Kapitel 8
Dateien kopieren

DOSes Fortpflanzungsorgan

COPY ist mein Zauberwort. Mit COPY pflanze ich mich fort. Mit COPY kannst du Dateien beliebig vermehren, von einer Diskette auf eine andere, von Diskette auf die Festplatte und umgekehrt, von einem Karteikasten in den anderen. Das geht mit allem, was Datei heißt. Kurzum: COPY schafft die wunderbare Vermehrung von Dateien, die den Softwareherstellern so viel Kopfzerbrechen macht. COPY ist eine harte Nuß für das gute Gewissen jedes PC-Besitzers, denn es ist der Befehl mit der eingebauten Versuchung. Du kannst mit COPY natürlich nicht nur raub-, sondern auch ganz normal kopieren. Nun denn, frischauf: Seid fruchtbar und mehret euch, füllet die Festplatten und macht euch die Daten untertan! Wetten, daß COPY das Wort ist, das du mir am meisten sagst?

Grundsätzlich funktioniert COPY so:

C O P Y | Leertaste | von wo | was

Leertaste | wohin | ENTER | Hier kein Leerzeichen!

Gleich ein wunderbares Beispiel:

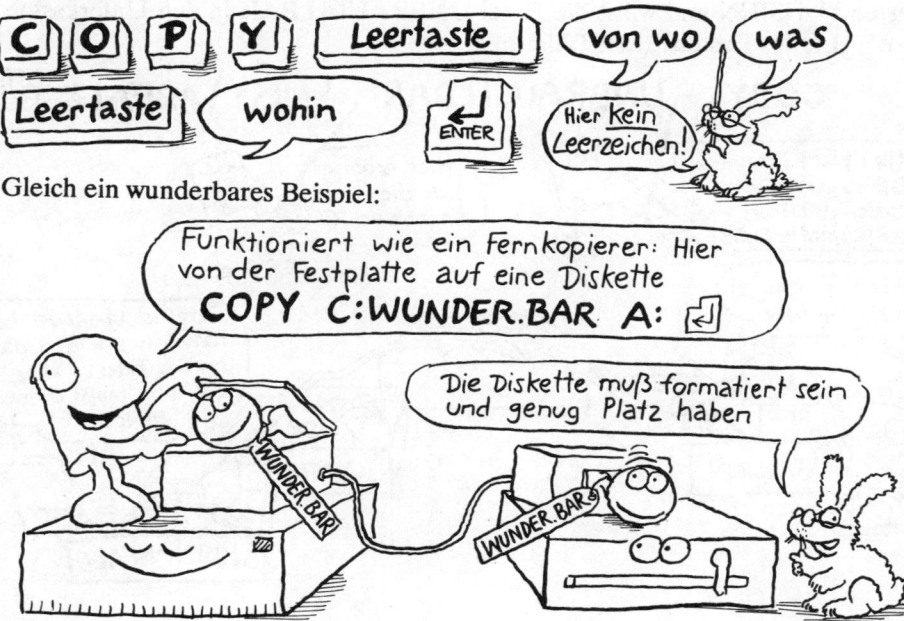

Funktioniert wie ein Fernkopierer: Hier von der Festplatte auf eine Diskette
COPY C:WUNDER.BAR A:

Die Diskette muß formatiert sein und genug Platz haben

87

Das "von wo" oder "nach wo" kannst du weglassen, wenn du die Stelle meinst, an der du gerade selber bist. Angenommen, du weilst im Augenblick im Hauptverzeichnis, dann genügt:

Für den umgekehrten Weg geht das auch:

Häufig wirst du auch Dateien von einem Karteikasten in einen anderen bewegen wollen. Du ahnst bestimmt schon, wie das geht: An der Stelle "von wo" bzw. "nach wo" gibst du den Namen des gewünschten Kastens an. Angenommen, du bist im Kasten \UNSINN und willst die Datei UNBRAUCH.BAR in den Unterkasten \ABFALL des Kastens \MIST hieven:

Natürlich kannst du selber vorher in den Kasten gehen, in den die Datei soll:

CD \MIST\ABFALL ↵

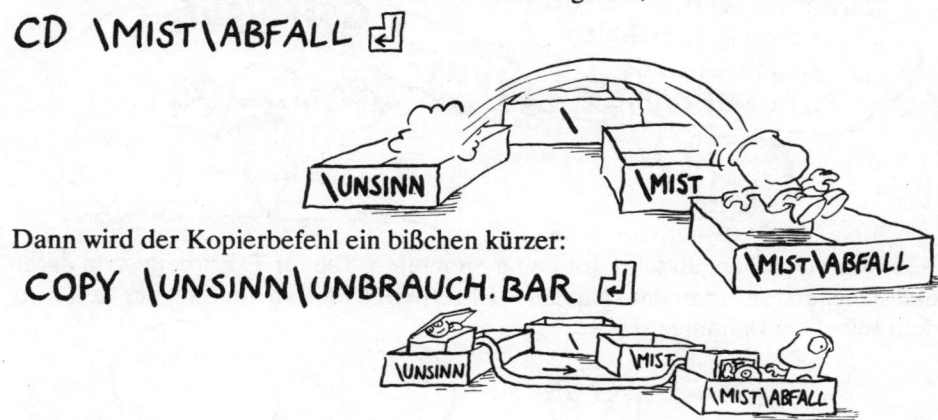

Dann wird der Kopierbefehl ein bißchen kürzer:

COPY \UNSINN\UNBRAUCH.BAR ↵

Das ist ein Spezialservice von mir: Beim Kopieren gebe ich auf Wunsch in einem Aufwasch dem Daten-Zwilling einen neuen Namen. Den schreibst du einfach ganz hinten dazu:

COPY UNBRAUCH.BAR   \UNSINN\WEGDA.MIT ↵

Solches Umtaufen kann ganz praktisch sein, wenn du nicht sicher bist, ob es eine Datei gleichen Namens an dem neuen Platz nicht schon gibt. Beim Kopieren würde die alte Version von der neuen "überschrieben" werden. Typisch Technik: Das Neue siegt immer.

Das tut mir sehr leid. Eigentlich sollte ich dich in so einem Fall warnen, aber Papa Bill's Leute haben mir das nicht eingebaut.

Nehmen wir mal an, du schreibst deine Memoiren. Tag für Tag arbeitest du daran und speicherst sie unter dem Namen MEMOIREN.TXT ab. Im Lauf der Zeit wird dein Lebenswerk immer größer.

Auf einer Diskette hast du noch eine Version deiner Lebenserinnerungen aus der Anfangszeit. Eines Tages willst du mal vergleichen, welchen Stil du am Beginn deiner Memoiren hattest, und kopierst die alte Datei in den Kasten deiner Textverarbeitung. Im vollen Vertrauen auf deine DOS-Kenntnisse befiehlst du:

C:\TEXTE> COPY A:MEMOIREN.TXT ⏎

Das beste Gegenmittel (neben einiger Vorsicht mit dem COPY-Befehl): Wichtige Dateien regelmäßig zusätzlich unter einem anderen Namen abspeichern. Ganz praktisch ist es, wenn du nur den Familiennamen änderst, also von MEMOIREN.TXT eine Sicherheitskopie namens MEMOIREN.SIK anfertigst. Ein schlaues Textprogramm wie etwa Microsoft Word tut sowas übrigens automatisch.

Es gibt noch einen anderen Weg, um solche Crashs zu vermeiden: Du benennst die alte Datei vorher um. Das kann überhaupt oft ganz praktisch sein. Der Befehl ist denkbar simpel:

R E N (Leertaste) (alter Name) (Leertaste) (neuer Name) ↵ ENTRÉ

REN heißt ausgeschrieben RENAME (»umbenennen«).
Merken wir's uns auf deutsch mal mit
»**REN**ovier die alte zur neuen«

Hier läuft gerade das Beispiel
REN ALT.DAT NEU.DAT ↵

MeiSter DOSe
vollelektronisches
RENovierungs-
unternehmen
schnell & billig

ALT.DAT
NEU.DAT
Schall & Rauch

Aber Vorsicht: Mit einer derart germanisierten Helfertruppe kannst nur noch du selber arbeiten — ein anderer blickt nicht mehr durch

Mit dem Renovierungsautomaten (der natürlich nur die Namensfassade aufpoliert und ansonsten alles beim Alten läßt) kannst du allerhand Ulk anstellen. Wenn dir etwa die Namen meiner Helferlein nicht gefallen - gib ihnen doch neue! Auf der nächsten Seite findest du ein paar Anregungen.

91

Was wir bei der Dateiparade schon exerziert hatten, kommt bei dem Vermehrungs-befehl COPY erst so richtig zum Tragen: Die Power der Pappkameraden. Wenn du von dem berühmten guten Bekannten eine Diskette mit den neuesten Creationen der Haute Software Couture zugesteckt bekommst, sicherst du dir sinnvollerweise erstmal alles auf deiner Festplatte. Zuerst baust du dir dazu eine Schachtel:

Hüpfst hinein, juchhei:

Und von hier aus wird der Kopiervorgang gezündet:

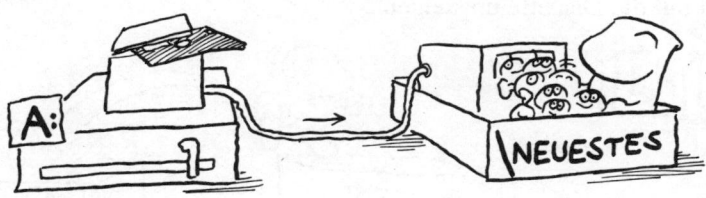

Aber obacht: Das muß nicht bedeu-ten, daß der ganze Inhalt der mitge-brachten Diskette jetzt auf deiner Festplatte ist.

Du könntest jetzt auf die Diskette umsteigen...

...dort in die entsprechende Schachtel steigen und hier deinen Kopierer aufbauen.

Es geht aber - mal wieder - noch viel schicker.

Du kannst den Inhalt einer Schachtel auf einmal kopieren, indem du bei »von wo« einfach den Schachtelnamen angibst. Am ordentlichsten ist es, wenn du den Inhalt einer Schachtel nicht irgendwohin schüttest, sondern zuerst auf deiner Festplatte eine Schachtel mit dem gleichen Namen einrichtest:

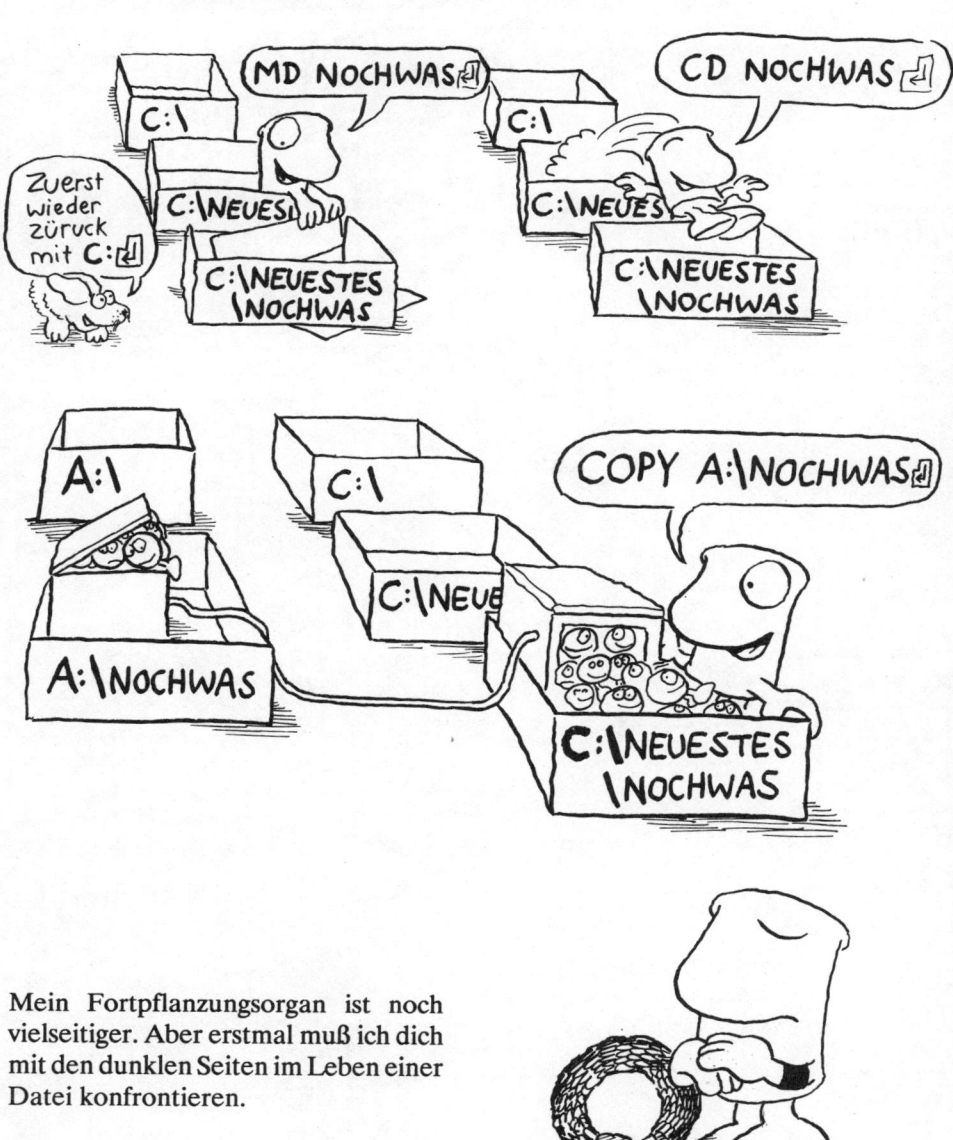

Mein Fortpflanzungsorgan ist noch vielseitiger. Aber erstmal muß ich dich mit den dunklen Seiten im Leben einer Datei konfrontieren.

Kapitel 9
Dateien löschen

Dateien löschen

DOSe wird zum Killer

Ich sprach schon einmal von der kaninchenartigen Vermehrung deiner Dateien. Zur Abhilfe zeigte ich dir mein Ordnungssystem in Schachtelform. Aber du bist jetzt weit genug vorgedrungen, daß ich ganz offen darüber reden kann: Auch im Leben einer Datei gibt es den Zeitpunkt, an dem sie ihre Aufgabe erfüllt hat. Pietätvoll bezeichnen wir diesen traurigen Vorgang als »Löschen« einer Datei.

Es geht allerdings im Gegensatz zur abgebildeten Schußwaffe völlig lautlos vor sich. Du nennst einfach den Vor- und Nachnamen des Delinquenten, wobei du den drastischen Begriff »Delinquent« in abgekürzter Form davorsetzt:

99

Laß uns das mal probeweise machen:

Nun hast du vielleicht gedacht, daß ich der Dahingeblichenen noch einen letzten Gruß nachsende. Etwa so wie bei meinem freundlichen Fortpflanzungsorgan COPY:

Den peinlichen Vernichtungsauftrag DEL dagegen vollziehe ich wortlos. Was sollte ich auch mitteilen? »1 Datei(en) umgebracht«? Aber du kannst dich auf mich verlassen: Wenn ich nichts sage, habe ich deinen Befehl ausgeführt. Wenn es die von dir zur Auslöschung bestimmte Datei nicht gibt, setze ich dich davon in Kenntnis:

Meine lieben Freunde * und ? werden dir bei der Entsorgung von Dateien besonders gute Dienste leisten.

Spätestens bei diesem Hinweis von mir dürfte dir klar werden, welches Privileg es bedeutet, daß ich in diesem Buch »du« zu dir sage. Außerdem merkst du, wie sehr ich mich um dich sorge.

Um deinen Kahlschlag im Dateienwald wirklich durchzuführen, mußt du zusätzlich noch zwei Tasten drücken:

Bitte, nutzen Sie diese Chance und gewöhnen Sie sich nicht an, bei solchen folgenschweren Befehlen automatisch Ja und Amen zu sagen!

Gelegenheit zur Reue hast du nur nach einem »N«. Und den Auftrag ausführen werde ich erst nach einem richtigen »J«. Bei jedem anderen Buchstaben bleibe ich hartnäckig:

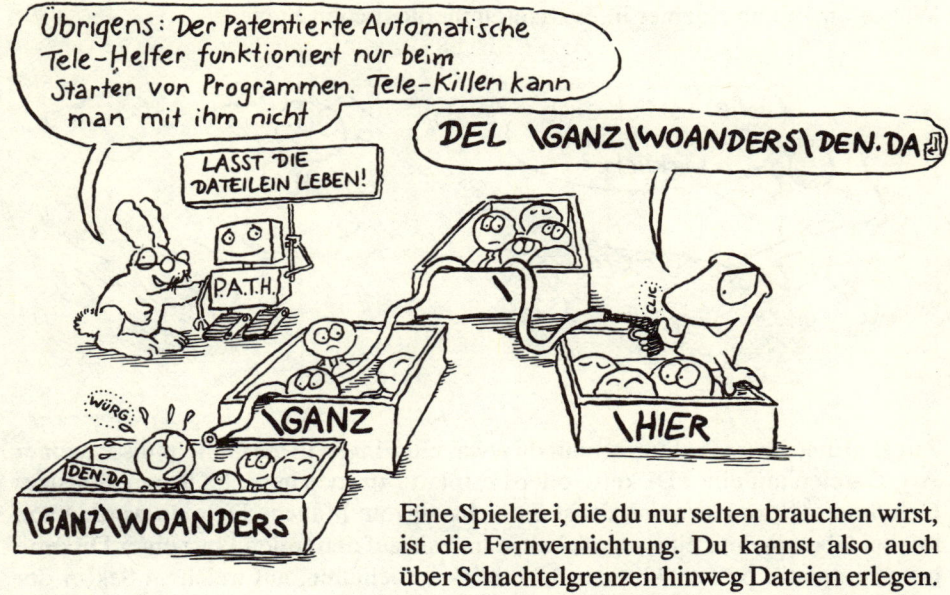

Eine Spielerei, die du nur selten brauchen wirst, ist die Fernvernichtung. Du kannst also auch über Schachtelgrenzen hinweg Dateien erlegen.

Derartig weitreichende Aktionen sind nicht ungefährlich. Denn mit einem ähnlich aussehenden Kommando kannst du in einem Aufwasch den gesamten Inhalt einer Schachtel dahinraffen:

Weil dieses Kommando nur eine abgekürzte Form ist von DEL\GANZ\WOANDERS*.*, reagiere ich auch hier mit meiner Stern-Punkt-Stern-Warntafel.

Wir kommen nun zu einer interessanten theologischen Frage:

Zur Klärung dieses Problems mußt du etwas eindringen in die Geheimnisse meiner Art, Dateien auf einer Diskette oder Festplatte zu speichern. Es ist ein grausiges Geheimnis. Normalerweise siehst du nichts davon: Manche Dateien werden von mir bei lebendigem Leibe zerstückelt, damit sie auf den freien Platz einer Diskette oder Festplatte passen. Um den Überblick zu behalten, auf welchem Sektor der Scheibe welches Dateiteil ist, führe ich eine penible Liste.

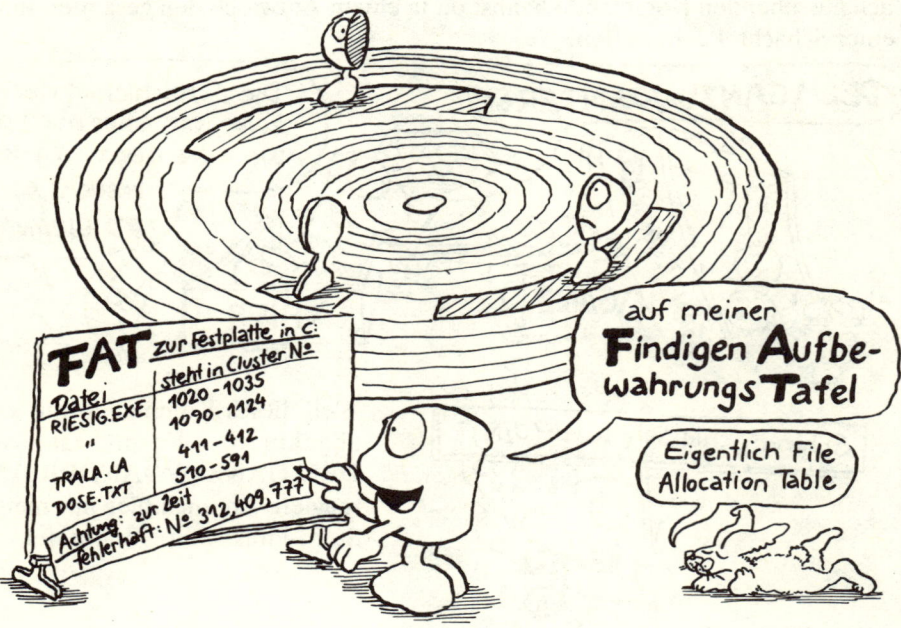

Wenn du nun mit dem DEL-Kommando eine
Datei liquidierst, so mache ich mir zunächst nur
einen Vermerk auf meiner Aufbewahrungstafel:
»zum Abschuß freigegeben«. Erst bei einem der
nächsten Speichervorgänge verwende ich die zum
Abschuß freigegebenen Sektoren. Ab dann sind
die gelöschten Dateien wirklich tot.

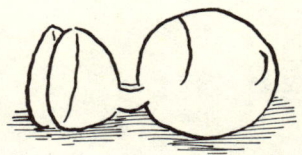

In der Phase ihres Scheintods - also nach dem DEL und vor dem nächsten COPY
oder ähnlichen Befehl - gibt es gute Chancen, Dateien wiederzubeleben. Wie du
ahnst, kann das bisweilen eine berufliche Karriere retten. Denn es ist eine sichere
Regel des Computerlebens, daß immer die allerwichtigsten und unersetzlichsten
Dateien versehentlich gelöscht werden. Zur Reanimation brauchst du allerdings
ein spezielles Programm, eine sogenannte DOS-Werkzeugkiste. Der entsprechende Befehl in diesen Programmen lautet UNDELETE oder UNERASE. Hier ein
paar der wichtigsten Werkzeugsammlungen:

Kapitel 10
Dateien ansehen

Dateien ansehen
DOSe als Topfgucker

So. Jetzt kannst du Dateien Meldung machen lassen, du kannst sie vermehren, in Schachteln sammeln und sogar umbringen. Aber hat es dich nicht schon mal gejuckt, so eine Datei aufzumachen und reinzuschauen?

Normalerweise ist das die Sache von Spezialisten. Textverarbeitungsprogramme bearbeiten Textdateien, Grafikprogramme digitale Bilder, Datenverwaltungen Datensammlungen usw. Aber oft ist es umständlich und zeitraubend, das entsprechende Spezialprogramm zu starten. Vor allem wenn du nur eben kurz gucken möchtest, was das für eine Datei ist: Ob JAHRBER.TXT der neue Jahresbericht von Herrn Tippke ist oder die alte Kamelle vom letzten Jahr. Dafür habe ich den

Das elektronische Hochheben des Deckels geht ganz einfach:

Du kannst übrigens immer nur in einen Topf gucken, also in eine einzelne Datei. Meine hilfreichen Pappkameraden funktionieren hier ausnahmsweise nicht.

Der TYPE-Befehl ist - wie das richtige Topfgucken - eine Dienstleistung ohne jeden Komfort. Wenn die Datei zu lang ist (und das ist sie fast immer), rast sie wie bei einem großen »ich zeig's DIR« über den Bildschirm.

Nur mit einem tiefen Griff in meine Trickkiste läßt sich die Topfguckerei so komfortabel gestalten, wie du es von der Paradenautomatik des Dateien-Defilees DIR gewohnt bist. Es geschieht mit einem sogenannten Filter. Hier nur kurz, wie du es eintippst (ist sowieso für die meisten DOSianer die einzige Filter-Anwendung):

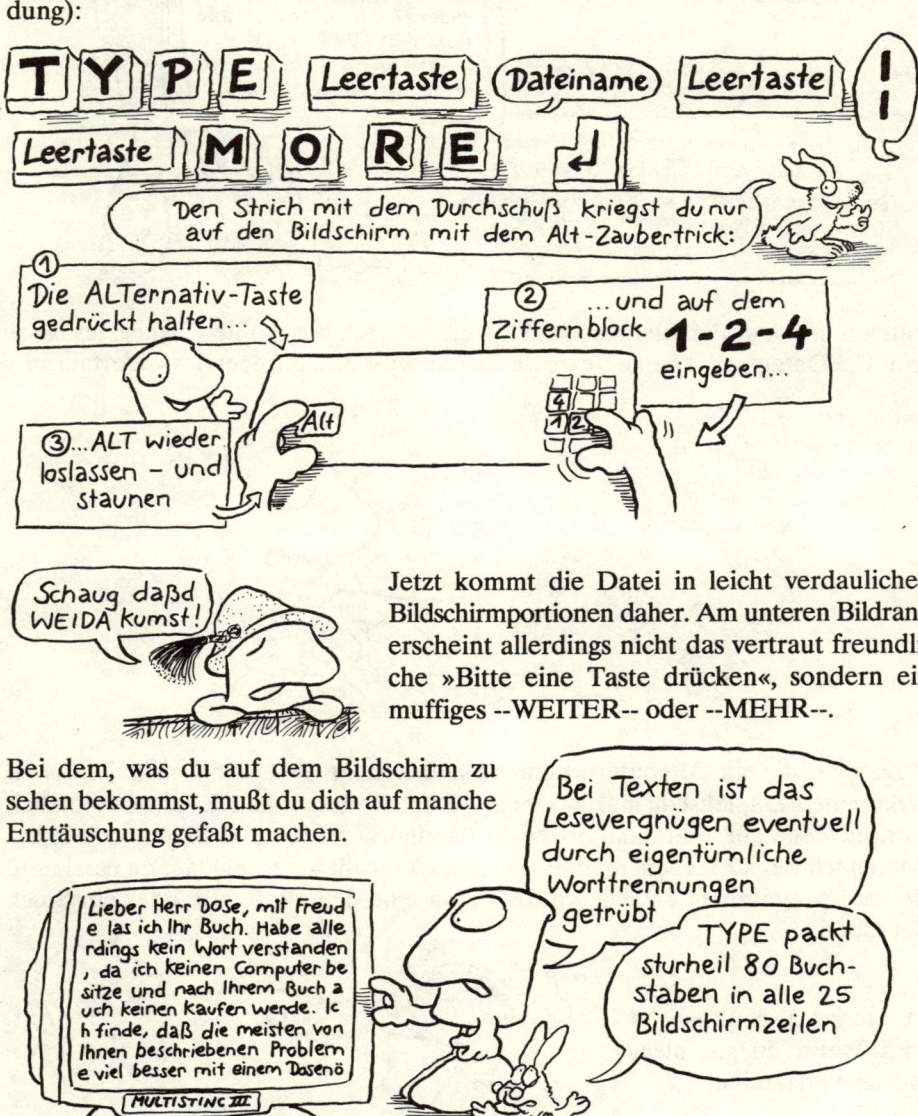

Jetzt kommt die Datei in leicht verdaulichen Bildschirmportionen daher. Am unteren Bildrand erscheint allerdings nicht das vertraut freundliche »Bitte eine Taste drücken«, sondern ein muffiges --WEITER-- oder --MEHR--.

Bei dem, was du auf dem Bildschirm zu sehen bekommst, mußt du dich auf manche Enttäuschung gefaßt machen.

Dateien mit dem Familiennamen .TXT bieten noch die größte Chance, lesbar zu sein. Bei Dateien, die keine Texte enthalten, wird dir Aufregendes widerfahren.

In Dateien, die ein Computerprogramm sind, können die unmöglichsten Zeichen vorkommen. Da siehst du mal, was mein Alphabet alles enthält. Es piepst, plötzlich hört die Zeile auf, und dann bricht die Topfguckerei mittendrin ab, obwohl die Datei noch viel länger sein müßte. Ähnliches kann dir auch bei Dateien passieren, die von Programmen erzeugt wurden, etwa eine digitale Grafik oder ein Stück Datenbank.

Du merkst also: In solche Töpfe sollst du gar nicht gucken, verstanden!

Der einzige Luxus, den ich dir bei TYPE anbieten kann: Du darfst wie immer auch eine Datei in anderen Schachteln oder Laufwerken anschauen.

Kapitel 11
Dateien drucken

Klappern gehört auch zu DOSes Handwerk

Das war einer der großen Irrtümer der PC-Revolution: Daß die teure neue Technik Papier sparen würde. Das Gegenteil trat ein. Bisher war nur aus Schreibmaschinen und Fotokopierern bedrucktes Papier gequollen. Nun kamen noch die Unmengen dazu, die immer schnellere Computerdrucker in immer schönerer Schreibqualität auswarfen. Schuld ist unter anderem der unstillbare Wunsch von euch Menschen, schwarz auf weiß Gedrucktes getrost nach Hause zu tragen. Oder zumindest in dicken Ordnern abzuheften.

Es gibt Programme, die mehr Schuld an der Papierlawine haben als ich. Aber auch ich bot von Anfang an verschiedene Möglichkeiten, den angeschlossenen Drucker zum Klappern (oder Sägen) zu bringen.

Am naheliegendsten ist dieser leichtverständliche Befehl:

Das separate Helferlein PRINT.COM setzt einen bemerkenswerten Mechanismus in Gang: Es druckt eine Datei, ohne daß es dich stören wird (vom Lärm des Druckers abgesehen). Auf dem Bildschirm kannst du weiterarbeiten, denn der Druckvorgang geschieht »im Hintergrund«.

117

Dies ist allerdings ein diffiziles Unternehmen, das mir mehr Kunstfertigkeit abverlangt, als du zu sehen bekommst. Daher frage ich dich ganz wichtigtuerisch vor dem ersten PRINT-Vorgang nach dem angeschlossenen Drucker. Laß dich nicht von mir verwirren, sondern drücke als Antwort einfach die Enter-Taste. Die Chance, daß du den Drucker anders angeschlossen hast als in der von mir angenommenen Weise, ist mikroskopisch klein.

Der volle Komfort des dezenten Hintergrundarbeiters PRINT wird spürbar, wenn du gleich mehrere Dateien auf einmal drucken läßt. Das passiert am einfachsten mit Pappkameraden, zum Beispiel wenn du alle Textdateien einer Schachtel auf Papier besitzen möchtest:

Dabei wird eine sogenannte Druckerwarteschlange gebildet: Die Dateien stellen sich in Reih und Glied auf, werden von mir in einem Pufferspeicher zwischengelagert und der Reihe nach auf den Druckweg geschickt. Wenn du den PRINT-Befehl erstmal ausgegeben hast, darfst du die betroffenen Dateien nicht mehr ändern. Sonst kriegt meine kunstvoll organisierte Schlange einen Knoten.

PRINT bietet allerhand Kniffe (mit einer Vielzahl von Schaltern), um die Reihenfolge in der Warteschlange noch zu manipulieren. In der Praxis aber selten sinnvoll, da du die feinsinnigen Druckjobs ohnehin einem Textverarbeitungsprogramm überlassen wirst. Beim losgelassenen PRINT stellt sich meist nur ein Problem: Wie kannst du das Ganze wieder stoppen? Die deftige, aber stets wirksame Tour: Einfach den Drucker ausschalten und meine Fehlermeldung auf dem Bildschirm ertragen (eventuell mußt du mich anschließend neu warmstarten mit der finalen Geierkralle Ctrl-Alt-Del). Eleganter ist der softwaremäßige Schalter /C (also ähnlich wie Ctrl-C, der Programmabwürger):

Eine andere Möglichkeit zur Vermehrung von Gedrucktem ist mein papierner Endlos-Bildschirm. Du schaltest ihn ein mit

In ganz verqueren Notsituationen läßt sich damit dein Computer sogar ohne Bildschirm betreiben. Und wie geht diese Protokollfunktion wieder aus? Ganz einfach nochmal dieselbe Tastenkombination drücken:

Eine schlichtere Ausgabe des papiernen Dauerbildschirms ist der einfache Bildschirmstempel, quasi ein einzelner Abdruck von dem, was du gerade auf dem Monitor siehst. Im Gegensatz zu den von meiner Software erzeugten verglimmenden Leuchtbuchstaben gehört ein Blatt Papier bereits zur Kategorie Hardware. Daher heißt das Ganze im PC-Deutsch »hardcopy«. Es gibt dafür eine eigene Taste, die du zusammen mit dem Großmacher drücken mußt:

Sei nicht enttäuscht, wenn das gedruckte Werk nicht mit dem Bildschirmoriginal übereinstimmt, vor allem wenn du mitten in einem anderen Programm die Taste für den Bildschirmstempel betätigst. Ich kann deinen Drucker bloß dazu veranlassen, Buchstaben auszuwerfen, ohne fette, kursive oder sonstwie angehübschte Schriftarten. Grafische Programme und Textverarbeitungen müssen dazu genau auf deinen Druckertyp angepaßt werden.

Falls allerdings ä, ö, ü und andere Zeichen nicht richtig ausgedruckt werden, mußt du deinen Drucker anders einstellen. Das geschieht in der Regel mit kleinen Dip-Schaltern im Inneren, dem sogenannten Mäuseklavier.

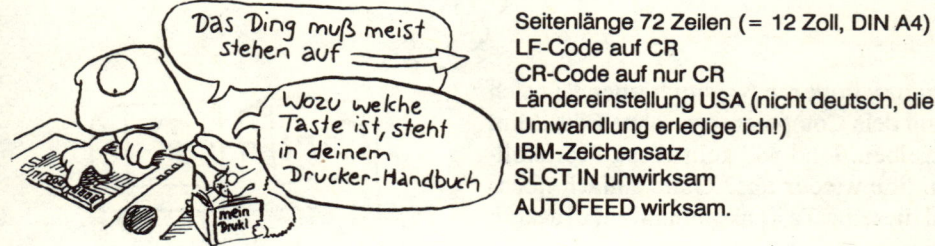

Seitenlänge 72 Zeilen (= 12 Zoll, DIN A4)
LF-Code auf CR
CR-Code auf nur CR
Ländereinstellung USA (nicht deutsch, die Umwandlung erledige ich!)
IBM-Zeichensatz
SLCT IN unwirksam
AUTOFEED wirksam.

So ein Drucker bringt neben dem steigenden Papierverbrauch noch eine weitere Unannehmlichkeit in dein Leben: Er ist eine große Fehlerquelle. Hier die internationalen Error-Stars der Druckerszene:

Auf Platz 1   DISCO NNECTED

Der Drucker ist eingeschaltet, aber nicht »aktiviert«. Dazu mußt du auf einen Schalter am Drucker tippen, der SELECT, READY, CONNECT, ACTIVE oder so ähnlich heißt. Meist hat er ein Kontrollämpchen.

Platz 2   MONSIEUR NULL VOLT

Nicht lachen: Oft ist das gute Stück einfach nicht eingeschaltet. Wenn du es zu spät merkst und ihn anmachst, nachdem du Ctrl-P oder PRINT hast laufen lassen - dann sind diese Programme meist schon abgestürzt. Also alles nochmal von vorn, im äußersten Falle mit der finalen Geierkralle Ctrl-Alt-Del.

Platz 3   K&ABEL WACKELZAHN

Das dicke störrische Druckerkabel mit den riesigen Steckern lockert sich gern. Am besten festschrauben.

THE GREAT OLD PAPER JAM SESSION

Und auf Platz 4 bis 10

Eine ganze Band, die in verschiedenen Besetzungen auftritt: Als schief eingezogenes Blatt, als hinter die Druckwalze gewurschtelter Seitenstau, als gar kein Papier usw. Macht durch blinkende Lämpchen oder gräßliche Knüll- und Reißgeräusche auf sich aufmerksam.

121

Kapitel 12
Disketten formatieren

DOSe und seine Harke

Disketten, diese kleinen runden Scheibletten in der quadratischen Hülle, sind mein Lebenselixier. Nach ihnen bin ich sogar benannt. Ohne sie wäre ich nie in deinen Computer gelangt, ohne sie würdest du überhaupt kein Computerprogramm kaufen können, ja nicht einmal klauen.

Bevor ich sie akzeptiere, muß so eine Scheiblette ein gewisses Format haben. Am besten stellst du dir das so vor, daß da unsichtbare Spuren draufgeharkt werden müssen.

Erledigt wird das von einem meiner aufmerksamen Freunde, dem Helferlein FORMAT.EXE:

FORMAT.EXE
manchmal auch
FORMAT.COM

Es arbeitet, ist ja klar, wenn du es beim Namen rufst:

F O R M A T | Leertaste
(Welches Laufwerk) ↵

Nicht vergessen, siehe unten!

OBACHT!

Typischstes Beispiel:

FORMAT A: ↵

Wenn du eine Festplatte hast und die Laufwerksbezeichnung vergißt, harkt mein Helferlein unter Umständen die ganze Festplatte. Und dabei werden, wie immer beim Harken, sämtliche Dateien und Daten unwiederbringlich zerstört.

Bei alten Versionen von mir war das Plattenharken fast ohne Vorwarnung möglich.

Daher ein guter Rat: Eine Diskette, auf der was drauf ist, immer beschriften!

HEITERES DATEN-RATEN was lösch ma heute?

Das passiert auch alten Hasen: Die Arbeit des ganzen Tages wird am Abend mal schnell zu Tode formatiert

Zum Harken nimmt mein Helferlein
übrigens immer die Harke, die mit dem
dem jeweiligen Laufwerk mitgeliefert
wird.

*Damit kommen wir nicht
darum herum, die verschiedenen Diskettentypen
einzeln durchzugehen*

Das gute alte Ur-Laufwerk für die schlappen fünfeinviertel-Zoll-Disketten steckt
in allen PCs mit einem 8088er oder 8086er-Prozessor. Meist stehen auf solchen PCs
die Buchstaben XT, TurboXT oder sowas. Oft erkennst du so ein Laufwerk auch
einfach an seiner schwarzen Vorderseite.

Es arbeitet mit einer 40-Zinken-
Harke. FORMAT zieht also 40
Spuren auf die Oberfläche, und das
auf jede Seite: vorne 40, hinten 40.
Beim Diskettenkaufen mußt du auf
die Buchstaben DS/DD oder 2S-2D
achten: doppelseitig, doppelte Dichte. Auf so eine Scheiblette passen
360 KByte.

mäxl
DS/DD

*Falls das klappt, hast du bei
5 Schachteln bereits den
Kaufpreis dieses Buchs
hereingewirtschaftet*

*Sparsame Menschen
kaufen die ganz billigen
1S-Disketten (single sided)
und formatieren mutig
drauf los. Meist geht's gut.*

Markendisketten
1-seitig
10 Stck **9.90**

No-Name-
Diskis
2S2D
10 Stck.
14.80
Kein Umtausch!
Keine Gewähr!

In einem AT (nicht »Altes Testament«, sondern »Antike Technologie«) steckt meist ein High-Density-Laufwerk, so gut wie immer in modischem Beige.

Die eingebaute Harke ist doppelt so fein: 80 Spuren zieht sie auf die Oberfläche der Diskette. Verständlich, daß so etwas nur wirkt bei feinerem Sand. Du brauchst daher Scheibletten mit besonders edler Oberfläche. Du erkennst sie an den Buchstaben HD (»Hohe Dichte«), an allerhand Goldschnickschack auf der Schachtel und am hohen Preis.

Auf so eine Diskette passen 1,2 Megabyte.

Das war ein schöner Erfolg, als ich im August 1984 mit meiner Version 3.0 den Speicherinhalt dieser kleinen Dinger so enorm erhöht habe.

Zugleich begannen damit die Probleme

Das High-Density-Laufwerk kann zwar die alten 360K-Disketten problemlos lesen...

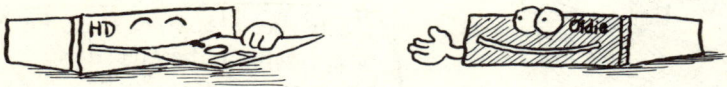

...aber eine feingeharkte Mega-Diskette kann von dem guten alten 360K-Laufwerk nicht verdaut werden.

für diese unfeine Tatsache gibt es den Begriff. » HD ist abwärtskompatibel«

Deshalb habe ich in den FORMAT-Befehl einen kleinen Zusatzschalter eingebaut, mit dem du auf deinem schicken HD-Laufwerk 360K-Disketten fabrizieren kannst:

Gegen diesen schmerzhaften Vorfall hilft - wenn du absolut sicher gehen willst - nur eins: Den Schalter /4 gar nicht erst benutzen.

Weniger problematisch ist es mit den kleinen dreieinhalb-Zoll-Laufwerken.

Weil der Fortschritt mal wieder nicht aufzuhalten war, gibt es auch hier bereits eine Edel-Ausgabe: das dreieinhalb-Zoll-High-Density-Geschoß schafft auf Disketten 1,44 Megabyte Dateienwohnraum. Eine tolle Sache, theoretisch. In der Praxis sind die nötigen HD-Disketten aber reichlich kostspielig, weil sie wegen der 18 Sektoren und haarbreiten Spuren sehr fein magnetisierbar sein müssen.

Ein Fall für Adam Riese: Wenn eine Diskette mit der doppelten Kapazität dreimal so viel kostet, dann lohnen sich die »alten« mehr. Außerdem sind die 1,44-Megabyte-Laufwerke noch nicht sehr verbreitet. Ich selbst akzeptiere dieses noble Format auch erst seit meiner Version 3.3. Aber der Trend ist klar: Immer mehr Bytes. In Kalifornien geht schon das erste 3,8-Megabyte-Laufwerk in Serie (dreieinhalb Zoll High-Capacity von Pacific Rim).

Noch eine Zusatzbemerkung, die du nur lesen mußt, wenn du mathematisch interessiert oder besonders mißtrauisch bist: Warum passen wieviele Bytes auf eine Diskette? Eine normale fünfeinviertel-Zoll-Diskette hat 40 geharkte Spuren (typisch computerchinesisch gezählt von 0 bis 39). Jede dieser Spuren ist eingeteilt in neun Sektoren (von 0 bis 8). In jeden Sektor passen 512 Byte. Also: 2 Seiten x 40 Spuren x 9 Sektoren x 512 Byte = 368.640 Byte. Für meine internen Verwaltungsmaßnahmen sind noch allerlei Sektoren abzuziehen: ein Bootsektor (hat zu tun mit meinen beiden unsichtbaren Freunden), die Findige Aufbewahrungs-Tafel FAT und das Inhaltsverzeichnis. Die Dateilein haben netto 362.469 Byte Platz, bei 1.024 Byte pro Kilobyte sind das dann genau die legendären 360 K.

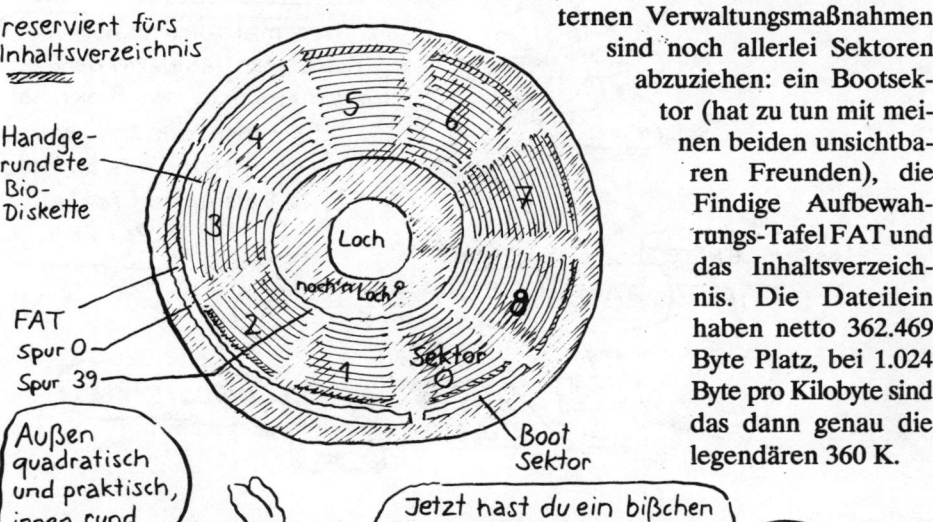

reserviert fürs Inhaltsverzeichnis

Handgerundete Bio-Diskette

FAT
Spur 0
Spur 39

Loch

noch'n Loch?

Sektor 0

Boot Sektor

Außen quadratisch und praktisch, innen rund und gut!

Jetzt hast du ein bißchen Ahnung, wenn ich dir beim Formatieren melde »Spur 38 Seite 01« und so Kauderwelsch.

Hier gleich mal tabellarisch alle meine Lieblingssorten:

Diskettenname	Ø in Zoll	Spuren	Sektoren	davon für Verwaltung	Netto-Kapazität (in Byte)
360 K	5¼	40	9	12	362.496
1,2 MB	5¼	80	15	29	1.213.952
720 K	3½	80	9	18	728.064
1,44 MB	3½	80	18	35	1.456.640

Mein Helferlein FORMAT hat noch mehr Schalter, die du im übrigen auch kombinieren kannst. Die wichtigsten sind:

Wenn du eine einigermaßen moderne Fassung von mir hast (3.0 oder jünger), darfst du deinen Disketten auch nachträglich einen Namen geben oder den alten ändern. Das erledigt wieder ein Helferlein von mir, das du beim Namen rufen mußt. Sagen wir mal, du willst die Diskette DON~CAMILLO im Laufwerk A: umbenennen in PEPPONE:

Vor allem interessant für PCs ohne Festplatte (zum Beispiel die preiswerten tragbaren Laptops) ist der Schalter für die Starthilfe:

/ S

> Damit kannst du dir eine Start-Diskette basteln, denn ich kopiere dir dann gleich meine beiden unsichtbaren Freunde drauf

> Braucht man zum Booten

Aber auch wenn du eine Festplatte hast, sollte so eine »System Disk« bereitliegen. Dann kannst du auch mit defekter Festplatte deinen Computi zum Laufen bringen und nachsehen, was der harten Scheibe fehlt (Start-Diskette einlegen und Big Red Switch auf »on«).

BEI FESTPLATTEN-SCHADEN SCHEIBE EINSCHLAGEN

START DISK

Selbst hier gibt es wieder ein Helferlein für Vergeßliche. Mit ihm kannst du die beiden unsichtbaren Freunde auf eine Diskette und sogar auf eine Festplatte übertragen. Zum Beispiel:

SYS A:

> Das geht nur, wenn hier genügend Platz ist

> SYS ist besonders wichtig, wenn du eine neue Version von Herrn DOSe auf deiner Festplatte installieren mußt.

Formatieren dauert relativ lange. Wenn du eine Diskette komplett duplizieren möchtest, gibt es ein Expressverfahren, bei dem du auch ladenfrische, ungeharkte Scheibletten nehmen darfst:

DISKCOPY [Leertaste] (Laufwerk) ↵

> Geht mit A: und B:, aber nicht mit einer Festplatte

Falls du zwei Laufwerke der gleichen Größe hast (was ziemlich selten ist), kannst du das Expressverfahren nochmal beschleunigen:

DISKCOPY A: B: ↵

In jedem Fall sage ich dir dann genau, was zu tun ist. Ich bezeichne die Scheibe, die verdoppelt werden soll, als Quelldiskette. Die andere (eventuell noch ganz leere) Diskette ist die Zieldiskette. In der Regel mußt du jede mehrmals raus- und reinstecken, bis der Vorgang zu Ende ist. Tja, und da besteht auch bei vorsichtigen Menschen die Gefahr, daß beide mal verwechselt werden. Das wirksamste Gegenmittel: Du klebst die Kopierschutzkerbe auf der Quelldiskette zu bzw. betätigst den kleinen Schieber.

> Zieldiskette einlegen in A:
> Quelldiskette in B:
> Achtung, alle Daten werden gelöscht

> Aufkleber liegen jeder Diskette bei

ungeschützt | geschützt

ungeschützt | geschützt

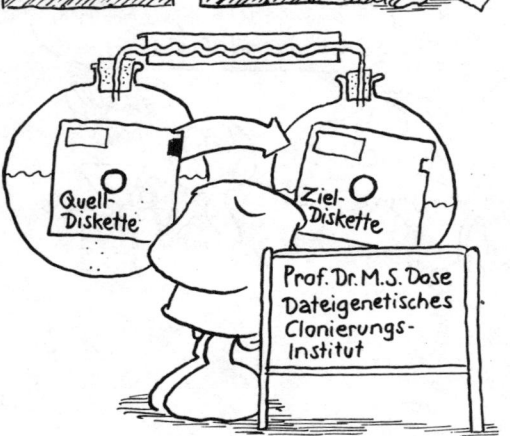

Quell-Diskette

Ziel-Diskette

Prof. Dr. M.S. Dose
Dateigenetisches
Clonierungs-
Institut

Mit DISKCOPY schaffst du einen echten Clon. Wenn sie drauf sind, werden meine unsichtbaren Freunde mitkopiert. Auch zerstückelte und zum Abschuß freigegebene halbtote Dateien werden mitgeclont. Daher ist die etwas umständliche COPY-*.*-Methode auf eine vorher formatierte Diskette meist schlauer. Beim Kopieren von einem Format auf ein anderes (von 360K auf 720K, von 1,2MB auf 360K usw.), bleibt dir ohnehin sonst nichts übrig.

Seit meiner Version 3.2 stelle ich dir für solche Situationen eine DeLuxe-Ausführung des COPY-Kommandos zur Verfügung. Am häufigsten wirst du brauchen:

XCOPY A: B:/S

Für den dateigenetisch sauberen Übergang von einer Disketten-Spezies zur anderen ist XCOPY der ideale Partner.

Der Schalter/S steht für **S**chachteln: Alle Unterverzeichnisse, in denen Dateien sind, werden automatisch mitkopiert

Kapitel 13
Befehle bearbeiten

DOSes kleine Freundlichkeiten

Wie du gemerkt hast, verkehrst du mit mir über die Tastatur, und zwar in der klassischen antiken Form der Computerkommunikation, der sogenannten zeilenweise Spaghettitechnik. Wenn du dich vertippt hast, kannst du allenfalls mit dem rückwärts fahrenden Radiergummi von hinten her löschen. Mit den Cursortasten oder gar der Maus geht bei mir nichts.

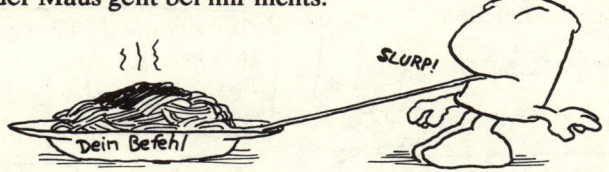

Na, sagen wir, fast nichts. Denn ein paar kleine Erleichterungen stelle ich dir doch zur Verfügung. Sagen wir mal, du hast diesen Befehl mit »Enter« an mich losgesandt:

COPY ANFÜNG.TXT \@AFFE\BEGINN.TXT ↵

Weil du statt ANFANG.TXT dummerweise ANFÜNG.TXT geschrieben hast, bekommst du von mir eine Fehlermeldung. Aber, und das kann dir einige Tipperei ersparen: Wenn du einen Befehl an mich abschickst, behalte ich eine Kopie davon in meinem Spaghetti-Speicher:

In unserem Beispiel drückst du achtmal die F1-Taste...

COPY ANF_

...schreibst den richtigen Buchstaben...

COPY ANFA_

...und könntest jetzt 24 mal F1 drücken, bis der ganze Spaghetti wieder auf dem Bildschirm steht.

Bequemer geht es aber mit der Gesamtspaghettitaste, die den kompletten restlichen Spaghettispeicherinhalt auf einmal hinsetzt. Dann die Amen-Taste, und der korrigierte Befehl geht an mich ab.

Nehmen wir mal an, du hast noch was vergessen: Vor \@AFFE soll noch die Laufwerksbezeichnung B: stehen. Du brauchst also den Spaghettispeicherinhalt bis zum ersten Rückschlag-Zeichen.

...und schon erscheint der Speicherinhalt bis zum gesuchten Zeichen auf der Bildfläche. Um etwas einzufügen, mußt du umschalten in die Betriebsart »Einfügen« (vorher konntest du über das falsche Ü ja den richtigen Buchstaben drüberschreiben). Dazu genügt ein Druck auf die Taste mit der einleuchtenden Bezeichnung

Aus reiner Übungslust (ohne tieferen Sinn) laß uns die beiden gerade eingefügten Buchstaben wieder herauslöschen. Den Anfang der Prozedur kennst du schon:

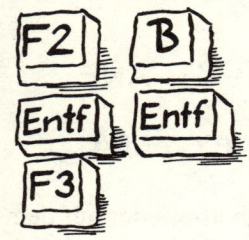

Jetzt die Löschtaste zweimal drücken, und die beiden Buchstaben sind wieder weg. Dummerweise siehst du davon nichts. Du merkst es erst, wenn du mit der Gesamtspaghettitaste F3 den Rest herholst. Um längere Passagen zu löschen, müßtest du also genau mitzählen. Und dann hättest wahrscheinlich schneller den ganzen Kram noch einmal komplett neu eingetastet.

Kapitel 14
Ausblick

War das schon alles, DOSe ?

O nein, das war nur der Anfang.

Du hast mich bisher kennengelernt als einen gewissenhaften, vielleicht etwas biederen Hausmeister deines Computers. Aber so wie Clark Kent, der Durchschnittsreporter, in Wirklichkeit Superman ist, so führe auch ich noch eine zweite Existenz. Auch ich ziehe mich ab und zu um und entwickle fast übernatürliche Kräfte. Dann werde ich

Wer ist das? Batchman ist

- ein wirklicher Herrscher über alle Programme in deinem PC

- eine Programmiersprache, die es in sich hat

- ein unerschrockener Kämpfer für die gute Sache: deine Bequemlichkeit

- ein erbarmungsloser Feind des Tippfehlerteufels

- trotz allem stets bescheiden und dir treu ergeben, großer Meister (bzw. Meisterin).

Das Prinzip ist wie immer genial einfach: Anstatt mir deine Befehle einzeln über die Tastatur einzutrichtern, schreibst du sie hintereinander in eine Datei. Du gibst der Datei einen Vornamen deiner Wahl und den Familiennamen .BAT. Du brauchst in Zukunft nur noch diesen Vornamen (und die Enter-Taste) eingeben, und ich arbeite die von dir eingegebene Liste der Reihe nach ab.

.BAT kommt von batch, zu deutsch »Stapel«, da Herr DOS seine Befehle stapelweise erhält.

Gleich ein tausendfach bewährtes Beispiel: Du möchtest mit einem Tastendruck in die Schachtel deiner Textverarbeitung wechseln, dort das Programm starten, und nach dem Ende des Programms wieder in die Hauptschachtel zurück. Damit du später möglichst wenig zu tippen hast, gibst du der Stapeldatei den Namen T.BAT. Um die Dateien zu erzeugen, nimmst du eine Textverarbeitung und speicherst den Text "unformatiert" oder im "ASCII-Format" ab, also ganz pur, ohne irgendwelchen Juchhei für Fettdruck, Ränder etc.

Wenn du mir versprichst, keine Tippfehler zu machen, darfst du auch die schnellste und komfortloseste Textverarbeitung der Welt nehmen, die in mein Fortpflanzungsorgan COPY eingebaut ist:

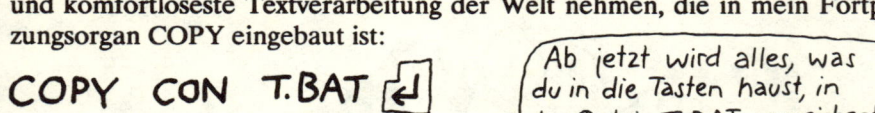

COPY CON T.BAT ⏎

Ab jetzt wird alles, was du in die Tasten haust, in der Datei T.BAT gespeichert. Bis du Ctrl-Z (»Zumachen«) eingibst.

CON meint »Console«, altIBMisch für Tastatur: Du kopierst von den Tasten in eine Datei, klaro?

Jetzt aber los mit deinem ersten Auftrag für Batchman:

```
cd \word ⏎
word ⏎
cd \ ⏎
type menu.txt⏎

Ctrl − Z
```

Ich soll also: Schachtel wechseln... ...deine Textverarbeitung starten... ...nach deren Schluß wieder heim... ...um dort eine schöne Bildschirmmeldung topfzugucken

Bei der Datei MENU.TXT kannst du dich nach Herzenslust verwirklichen: Mit Rahmen, aufmunternden Sprüchen usw. Hier ein Vorschlag:

MENÜ VON SUSI COMPUTI

T = Textverarbeitung Word
F = File Express Datenbank
S = Schach
M = MasterKey Werkzeugkasten

Bitte einen Buchstaben + Enter eingeben. Happy computing!

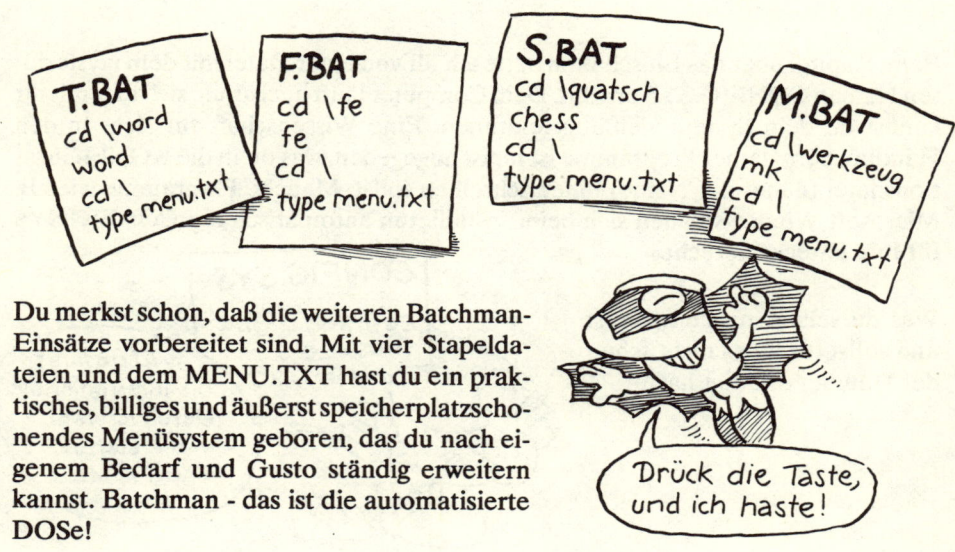

Du merkst schon, daß die weiteren Batchman-Einsätze vorbereitet sind. Mit vier Stapeldateien und dem MENU.TXT hast du ein praktisches, billiges und äußerst speicherplatzschonendes Menüsystem geboren, das du nach eigenem Bedarf und Gusto ständig erweitern kannst. Batchman - das ist die automatisierte DOSe!

Drück die Taste, und ich haste!

Es gibt eine Stapeldatei, die besonders automatisiert ist: Ich führe sie automatisch aus, wenn du deinen PC einschaltest. Einzige Spielregel: Sie muß AUTOEXEC.BAT heißen und keinen Buchstaben anders. Die alten Hasen haben eine mit den fürstlichsten Dingen vollgestopfte AUTOEXEC.BAT, mit mehreren speicherresidenten Programmen (die sich von jedem anderen Programm aus mit einer bestimmten Tastenkombination »aufpoppen« lassen), mit allen möglichen automatischen Speichervorgängen bestimmter Dateien. So arg muß es nicht sein. Meine Empfehlung für die Mindestausstattung einer standesgemäßen AUTOEXEC.BAT:

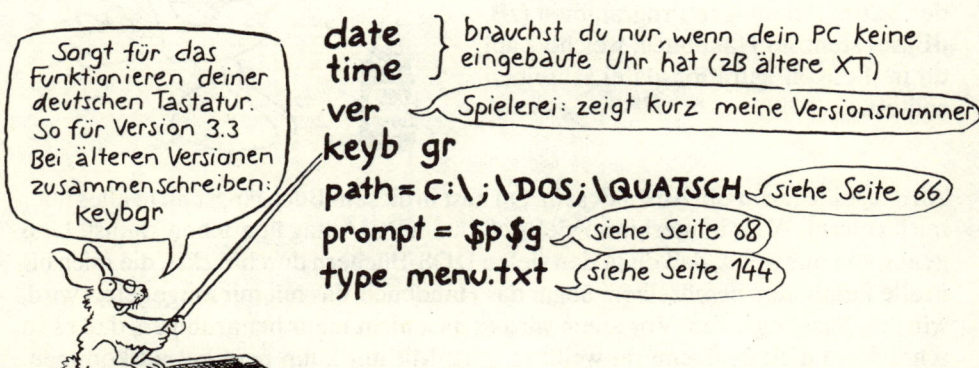

Beim Kapitel über das Einschalten hatte ich dir von einer Datei mit dem mysteriösen Namen CONFIG.SYS erzählt. Dein Computer läuft auch ohne sie, aber mit ihr kannst du dein System vielfältig feintunen. Eine Wissenschaft für sich. In den Handbüchern deiner Programme ist meist angegeben, was du in die KONFIGurationsdatei (daher der Name) hineinschreiben sollst. Manche Programme wie zB. Microsoft Windows bauen sich beim Installieren automatisch die CONFIG.SYS für ihre Zwecke zurecht.

Was du selber machen kannst und sollst (wenn es nicht schon der Händler erledigt hat):

COUNTRY legt die handelsübliche Schreibweise von Datum, Zeit und Zahlen fest. Damit brauchst du auf deinem PC nicht (wie auf deiner Digitaluhr) die amerikanischen Schreibweisen zu ertragen. Den Sylvesterschampus schenkt der DOS-Benutzer am 31.12.1989 um 23.59 Uhr ein und nicht am 12-31-89 11:59p.

Ansonsten geht es in der CONFIG.SYS um Files und Buffers. Je höher deren Anzahl, umso besser; wenn es aber zu viele sind, ist der Chipspeicher überfüllt. Die optimale Anzahl liegt irgendwo in der Mitte. Bei einigen Programmen (zB. dBase) steht im Handbuch, welche Zahl du in die Konfigurationsdatei schreiben solltest.

All das sollte ja nur ein Ausblick sein. Du hast in diesem Buch längst nicht alles über mich gelernt. Aber immerhin so viel, daß du im PC-Alltag überleben kannst. Und genug von mir weißt, daß du in den vielen DOS-Büchern durchblickst, die mich bis in alle Feinheiten beschreiben. Sogar das Handbuch, das mit mir mitgeliefert wird, wirst du jetzt begreifen. Vor allem wird es dich nicht mehr beunruhigen, daß es so schrecklich dick ist. Denn du weißt ja jetzt: Mit mir kann man gut auskommen. Ich bin sicher: *Es ist der Beginn einer langen Freundschaft.*

Alphabetischer Index

147

Der IBM ASCII-Zeichensatz

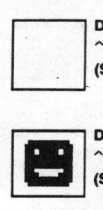 Dez:000 Hex:00
^@ NUL
(Steuerzeichen)

 Dez:008 Hex:08
^H BS
(Steuerzeichen)

 Dez:016 Hex:10
^P DLE
(Steuerzeichen)

 Dez:024 Hex:18
^X CAN
(Steuerzeichen)

Dez:001 Hex:01
^A SOH
(Steuerzeichen)

 Dez:009 Hex:09
^I HT
(Steuerzeichen)

 Dez:017 Hex:11
^Q DC1
(Steuerzeichen)

 Dez:025 Hex:19
^Y EM
(Steuerzeichen)

 Dez:002 Hex:02
^B STX
(Steuerzeichen)

 Dez:010 Hex:0A
^J LF
(Steuerzeichen)

 Dez:018 Hex:12
^R DC2
(Steuerzeichen)

 Dez:026 Hex:1A
^Z SUB
(Steuerzeichen)

 Dez:003 Hex:03
^C ETX
(Steuerzeichen)

 Dez:011 Hex:0B
^K VT
(Steuerzeichen)

 Dez:019 Hex:13
^S DC3
(Steuerzeichen)

 Dez:027 Hex:1B
^[ESC
(Steuerzeichen)

 Dez:004 Hex:04
^D EOT
(Steuerzeichen)

 Dez:012 Hex:0C
^L FF
(Steuerzeichen)

 Dez:020 Hex:14
^T DC4
(Steuerzeichen)

 Dez:028 Hex:1C
^\ FS
(Steuerzeichen)

 Dez:005 Hex:05
^E ENQ
(Steuerzeichen)

 Dez:013 Hex:0D
^M CR
(Steuerzeichen)

 Dez:021 Hex:15
^U NAK
(Steuerzeichen)

 Dez:029 Hex:1D
^] GS
(Steuerzeichen)

 Dez:006 Hex:06
^F ACK
(Steuerzeichen)

 Dez:014 Hex:0E
^N SO
(Steuerzeichen)

 Dez:022 Hex:16
^V SYN
(Steuerzeichen)

 Dez:030 Hex:1E
^^ RS
(Steuerzeichen)

 Dez:007 Hex:07
^G BEL
(Steuerzeichen)

 Dez:015 Hex:0F
^O SI
(Steuerzeichen)

 Dez:023 Hex:17
^W ETB
(Steuerzeichen)

 Dez:031 Hex:1F
^_ US
(Steuerzeichen)

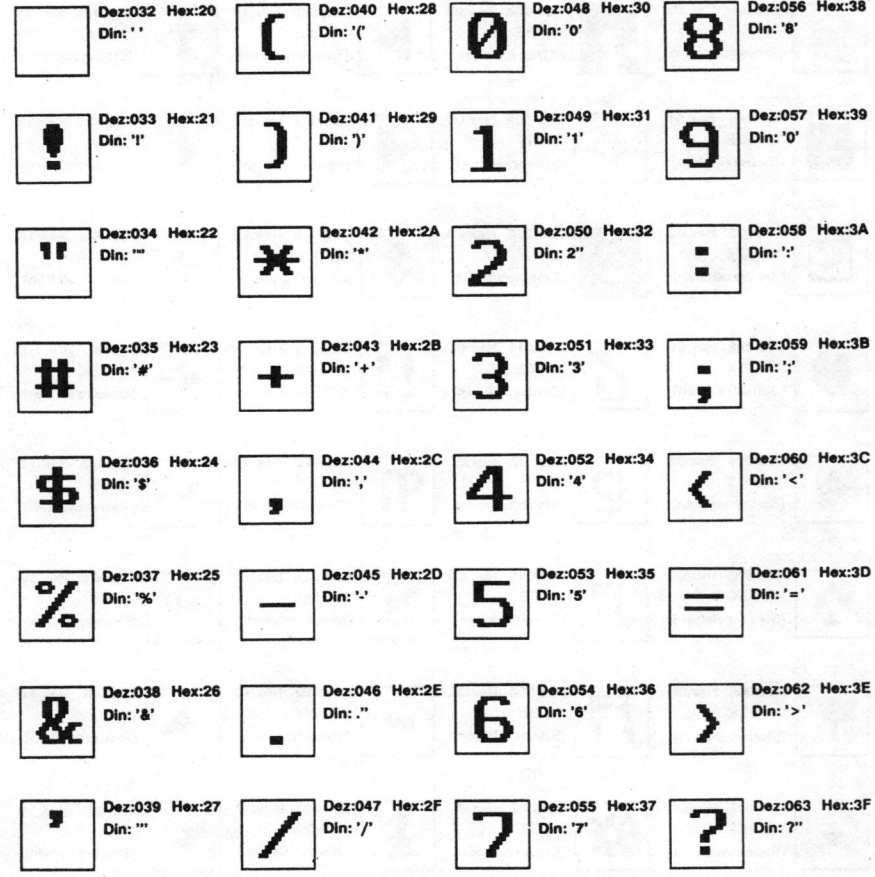

Dez:032 Hex:20 Din: ' '
Dez:040 Hex:28 Din: '('
Dez:048 Hex:30 Din: '0'
Dez:056 Hex:38 Din: '8'

Dez:033 Hex:21 Din: 'I'
Dez:041 Hex:29 Din: ')'
Dez:049 Hex:31 Din: '1'
Dez:057 Hex:39 Din: '0'

Dez:034 Hex:22 Din: '"'
Dez:042 Hex:2A Din: '*'
Dez:050 Hex:32 Din: 2"
Dez:058 Hex:3A Din: ':'

Dez:035 Hex:23 Din: '#'
Dez:043 Hex:2B Din: '+'
Dez:051 Hex:33 Din: '3'
Dez:059 Hex:3B Din: ';'

Dez:036 Hex:24 Din: '$'
Dez:044 Hex:2C Din: ','
Dez:052 Hex:34 Din: '4'
Dez:060 Hex:3C Din: '<'

Dez:037 Hex:25 Din: '%'
Dez:045 Hex:2D Din: '-'
Dez:053 Hex:35 Din: '5'
Dez:061 Hex:3D Din: '='

Dez:038 Hex:26 Din: '&'
Dez:046 Hex:2E Din: ."
Dez:054 Hex:36 Din: '6'
Dez:062 Hex:3E Din: '>'

Dez:039 Hex:27 Din: '"'
Dez:047 Hex:2F Din: '/'
Dez:055 Hex:37 Din: '7'
Dez:063 Hex:3F Din: ?"

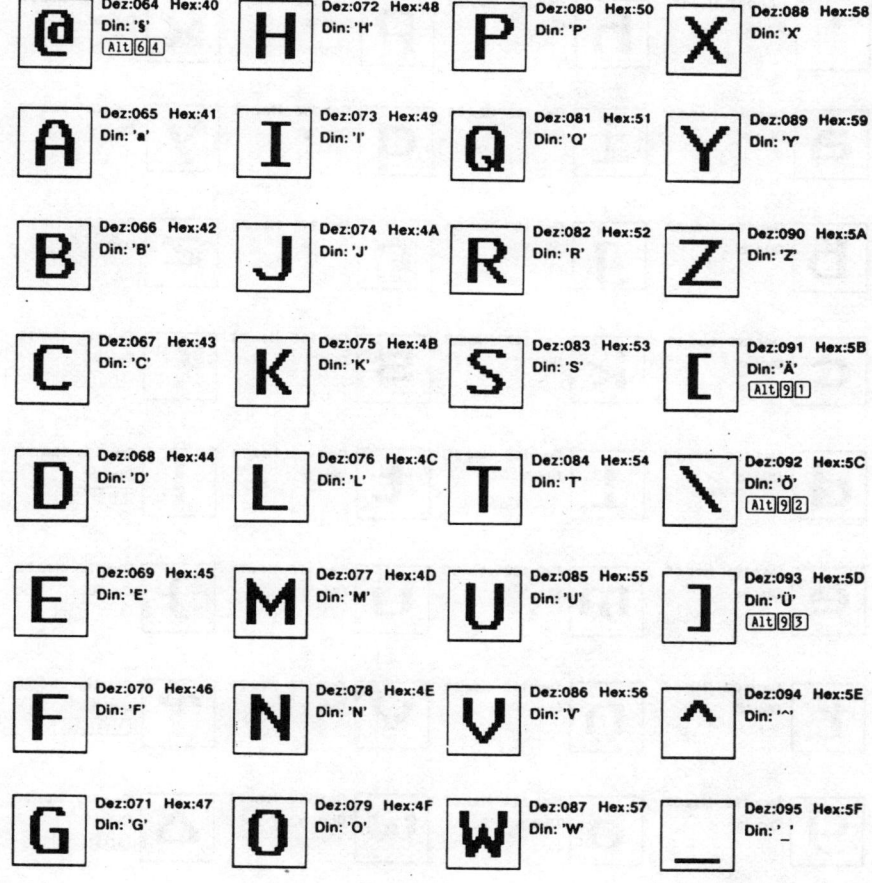

@ Dez:064 Hex:40 Din: '§' `Alt` `6` `4`	**H** Dez:072 Hex:48 Din: 'H'	**P** Dez:080 Hex:50 Din: 'P'	**X** Dez:088 Hex:58 Din: 'X'
A Dez:065 Hex:41 Din: 'a'	**I** Dez:073 Hex:49 Din: 'I'	**Q** Dez:081 Hex:51 Din: 'Q'	**Y** Dez:089 Hex:59 Din: 'Y'
B Dez:066 Hex:42 Din: 'B'	**J** Dez:074 Hex:4A Din: 'J'	**R** Dez:082 Hex:52 Din: 'R'	**Z** Dez:090 Hex:5A Din: 'Z'
C Dez:067 Hex:43 Din: 'C'	**K** Dez:075 Hex:4B Din: 'K'	**S** Dez:083 Hex:53 Din: 'S'	**[** Dez:091 Hex:5B Din: 'Ä' `Alt` `9` `1`
D Dez:068 Hex:44 Din: 'D'	**L** Dez:076 Hex:4C Din: 'L'	**T** Dez:084 Hex:54 Din: 'T'	**** Dez:092 Hex:5C Din: 'Ö' `Alt` `9` `2`
E Dez:069 Hex:45 Din: 'E'	**M** Dez:077 Hex:4D Din: 'M'	**U** Dez:085 Hex:55 Din: 'U'	**]** Dez:093 Hex:5D Din: 'Ü' `Alt` `9` `3`
F Dez:070 Hex:46 Din: 'F'	**N** Dez:078 Hex:4E Din: 'N'	**V** Dez:086 Hex:56 Din: 'V'	**^** Dez:094 Hex:5E Din: '^'
G Dez:071 Hex:47 Din: 'G'	**O** Dez:079 Hex:4F Din: 'O'	**W** Dez:087 Hex:57 Din: 'W'	**_** Dez:095 Hex:5F Din: '_'

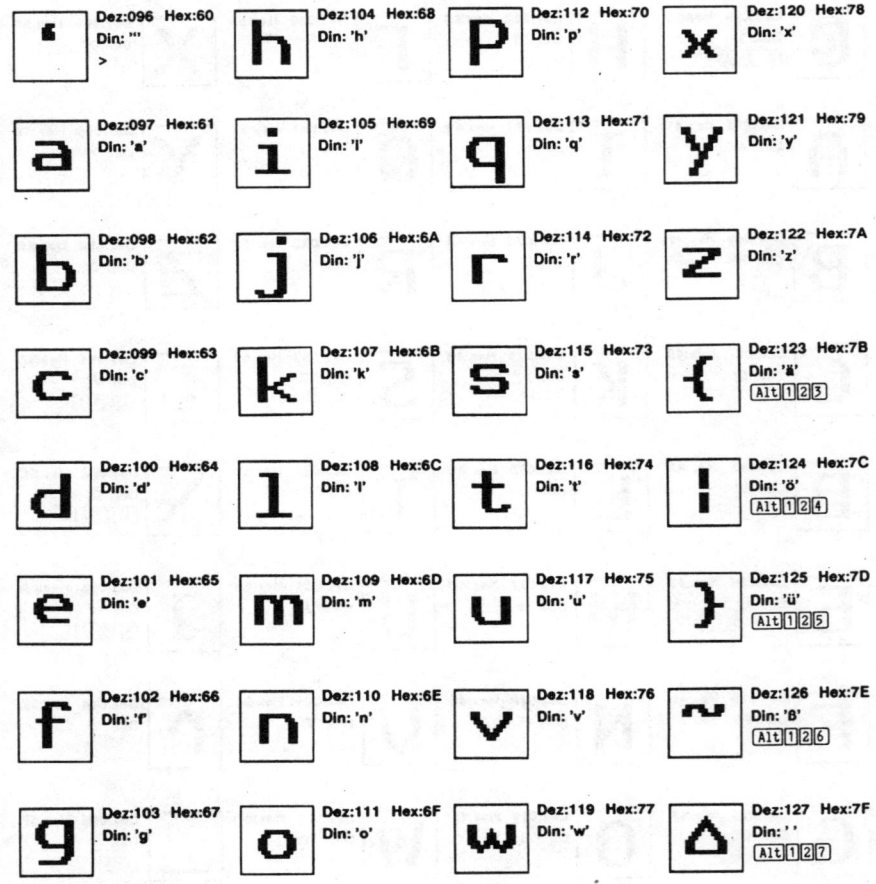

Dez:096 Hex:60 Din: ''' >	**Dez:104 Hex:68** Din: 'h'	**Dez:112 Hex:70** Din: 'p'	**Dez:120 Hex:78** Din: 'x'
Dez:097 Hex:61 Din: 'a'	**Dez:105 Hex:69** Din: 'i'	**Dez:113 Hex:71** Din: 'q'	**Dez:121 Hex:79** Din: 'y'
Dez:098 Hex:62 Din: 'b'	**Dez:106 Hex:6A** Din: 'j'	**Dez:114 Hex:72** Din: 'r'	**Dez:122 Hex:7A** Din: 'z'
Dez:099 Hex:63 Din: 'c'	**Dez:107 Hex:6B** Din: 'k'	**Dez:115 Hex:73** Din: 's'	**Dez:123 Hex:7B** Din: 'ä' Alt 1 2 3
Dez:100 Hex:64 Din: 'd'	**Dez:108 Hex:6C** Din: 'l'	**Dez:116 Hex:74** Din: 't'	**Dez:124 Hex:7C** Din: 'ö' Alt 1 2 4
Dez:101 Hex:65 Din: 'e'	**Dez:109 Hex:6D** Din: 'm'	**Dez:117 Hex:75** Din: 'u'	**Dez:125 Hex:7D** Din: 'ü' Alt 1 2 5
Dez:102 Hex:66 Din: 'f'	**Dez:110 Hex:6E** Din: 'n'	**Dez:118 Hex:76** Din: 'v'	**Dez:126 Hex:7E** Din: 'ß' Alt 1 2 6
Dez:103 Hex:67 Din: 'g'	**Dez:111 Hex:6F** Din: 'o'	**Dez:119 Hex:77** Din: 'w'	**Dez:127 Hex:7F** Din: ' ' Alt 1 2 7

Dez:128 Hex:80
Din: '^@'
Alt 1 2 8

 Dez:136 Hex:88
Din: '^H'
Alt 1 3 6

 Dez:144 Hex:90
Din: '^P'
Alt 1 4 4

 Dez:152 Hex:98
Din: '^X'
Alt 1 5 2

 Dez:129 Hex:81
Din: '^A'
Alt 1 2 9

 Dez:137 Hex:89
Din: '^I'
Alt 1 3 7

 Dez:145 Hex:91
Din: '^Q'
Alt 1 4 5

 Dez:153 Hex:99
Din: '^Y'
Alt 1 5 3

 Dez:130 Hex:82
Din: '^B'
Alt 1 3 0

 Dez:138 Hex:8A
Din: '^J'
Alt 1 3 8

 Dez:146 Hex:92
Din: '^R'
Alt 1 4 6

 Dez:154 Hex:9A
Din: '^Z'
Alt 1 5 4

 Dez:131 Hex:83
Din: '^C'
Alt 1 3 1

 Dez:139 Hex:8B
Din: '^K'
Alt 1 3 9

 Dez:147 Hex:93
Din: '^S'
Alt 1 4 7

 Dez:155 Hex:9B
Din: '^['
Alt 1 5 5

 **Dez:132 Hex:84**
Din: '^V'
Alt 1 3 2

 Dez:140 Hex:8C
Din: '^L'
Alt 1 4 0

 Dez:148 Hex:94
Din: '^T'
Alt 1 4 8

 Dez:156 Hex:9C
Din: '^\'
Alt 1 5 6

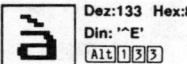 **Dez:133 Hex:85**
Din: '^E'
Alt 1 3 3

 Dez:141 Hex:8D
Din: '^M'
Alt 1 4 1

 Dez:149 Hex:95
Din: '^U'
Alt 1 4 9

 Dez:157 Hex:9D
Din: '^]'
Alt 1 5 7

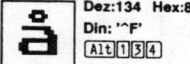 **Dez:134 Hex:86**
Din: '^F'
Alt 1 3 4

 Dez:142 Hex:8E
Din: '^1N'
Alt 1 4 2

 Dez:150 Hex:96
Din: '^V'
Alt 1 5 0

 Dez:158 Hex:9E
Din: '^^'
Alt 1 5 8

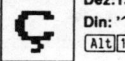 **Dez:135 Hex:87**
Din: '^G'
Alt 1 3 5

 Dez:143 Hex:8F
Din: '^O'
Alt 1 4 3

 Dez:151 Hex:97
Din: '^W'
Alt 1 5 1

 Dez:159 Hex:9F
Din: '^_'
Alt 1 5 9

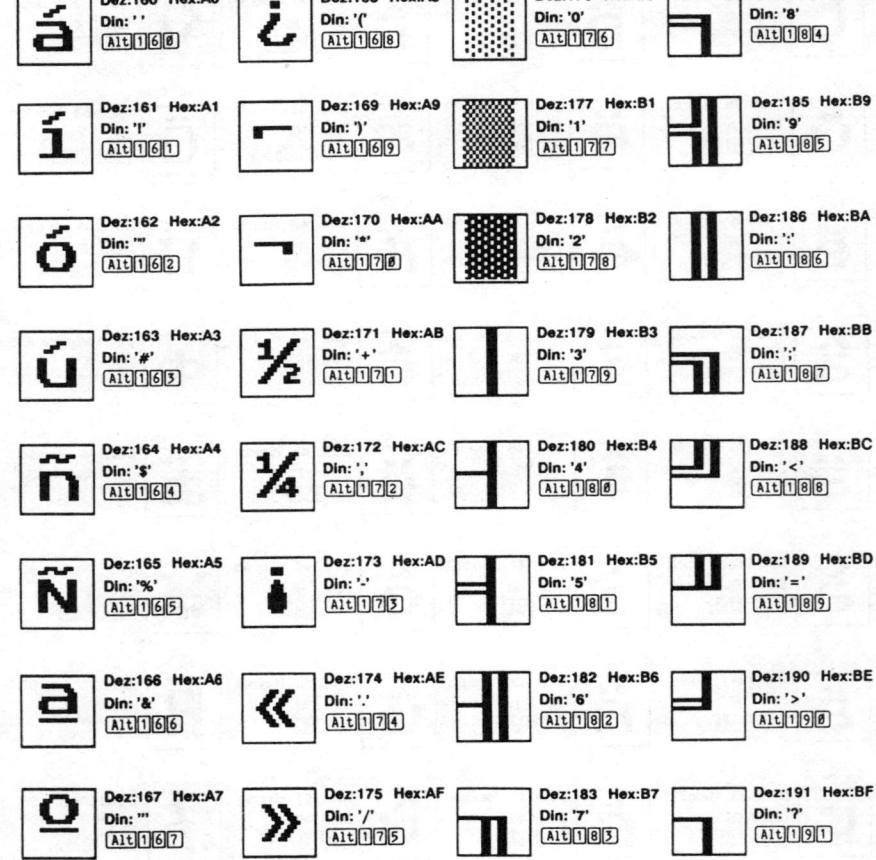

Dez:160 Hex:A0
Din: ' '
Alt 1 6 0

Dez:161 Hex:A1
Din: 'I'
Alt 1 6 1

Dez:162 Hex:A2
Din: '"'
Alt 1 6 2

Dez:163 Hex:A3
Din: '#'
Alt 1 6 3

Dez:164 Hex:A4
Din: '$'
Alt 1 6 4

Dez:165 Hex:A5
Din: '%'
Alt 1 6 5

Dez:166 Hex:A6
Din: '&'
Alt 1 6 6

Dez:167 Hex:A7
Din: '''
Alt 1 6 7

Dez:168 Hex:A8
Din: '('
Alt 1 6 8

Dez:169 Hex:A9
Din: ')'
Alt 1 6 9

Dez:170 Hex:AA
Din: '*'
Alt 1 7 0

Dez:171 Hex:AB
Din: '+'
Alt 1 7 1

Dez:172 Hex:AC
Din: ','
Alt 1 7 2

Dez:173 Hex:AD
Din: '-'
Alt 1 7 3

Dez:174 Hex:AE
Din: '.'
Alt 1 7 4

Dez:175 Hex:AF
Din: '/'
Alt 1 7 5

Dez:176 Hex:B0
Din: '0'
Alt 1 7 6

Dez:177 Hex:B1
Din: '1'
Alt 1 7 7

Dez:178 Hex:B2
Din: '2'
Alt 1 7 8

Dez:179 Hex:B3
Din: '3'
Alt 1 7 9

Dez:180 Hex:B4
Din: '4'
Alt 1 8 0

Dez:181 Hex:B5
Din: '5'
Alt 1 8 1

Dez:182 Hex:B6
Din: '6'
Alt 1 8 2

Dez:183 Hex:B7
Din: '7'
Alt 1 8 3

Dez:184 Hex:B8
Din: '8'
Alt 1 8 4

Dez:185 Hex:B9
Din: '9'
Alt 1 8 5

Dez:186 Hex:BA
Din: ':'
Alt 1 8 6

Dez:187 Hex:BB
Din: ';'
Alt 1 8 7

Dez:188 Hex:BC
Din: '<'
Alt 1 8 8

Dez:189 Hex:BD
Din: '='
Alt 1 8 9

Dez:190 Hex:BE
Din: '>'
Alt 1 9 0

Dez:191 Hex:BF
Din: '?'
Alt 1 9 1

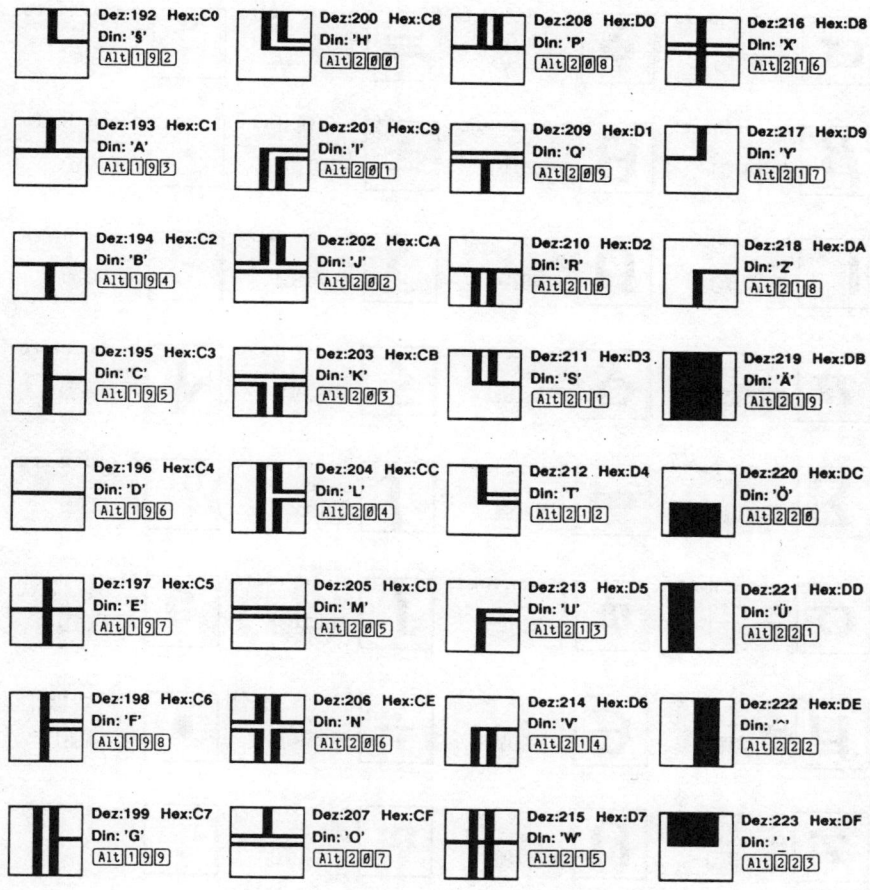

Dez:192 Hex:C0
Din: '§'
Alt 1 9 2

Dez:200 Hex:C8
Din: 'H'
Alt 2 0 0

Dez:208 Hex:D0
Din: 'P'
Alt 2 0 8

Dez:216 Hex:D8
Din: 'X'
Alt 2 1 6

Dez:193 Hex:C1
Din: 'A'
Alt 1 9 3

Dez:201 Hex:C9
Din: 'I'
Alt 2 0 1

Dez:209 Hex:D1
Din: 'Q'
Alt 2 0 9

Dez:217 Hex:D9
Din: 'Y'
Alt 2 1 7

Dez:194 Hex:C2
Din: 'B'
Alt 1 9 4

Dez:202 Hex:CA
Din: 'J'
Alt 2 0 2

Dez:210 Hex:D2
Din: 'R'
Alt 2 1 0

Dez:218 Hex:DA
Din: 'Z'
Alt 2 1 8

Dez:195 Hex:C3
Din: 'C'
Alt 1 9 5

Dez:203 Hex:CB
Din: 'K'
Alt 2 0 3

Dez:211 Hex:D3
Din: 'S'
Alt 2 1 1

Dez:219 Hex:DB
Din: 'Ä'
Alt 2 1 9

Dez:196 Hex:C4
Din: 'D'
Alt 1 9 6

Dez:204 Hex:CC
Din: 'L'
Alt 2 0 4

Dez:212 Hex:D4
Din: 'T'
Alt 2 1 2

Dez:220 Hex:DC
Din: 'Ö'
Alt 2 2 0

Dez:197 Hex:C5
Din: 'E'
Alt 1 9 7

Dez:205 Hex:CD
Din: 'M'
Alt 2 0 5

Dez:213 Hex:D5
Din: 'U'
Alt 2 1 3

Dez:221 Hex:DD
Din: 'Ü'
Alt 2 2 1

Dez:198 Hex:C6
Din: 'F'
Alt 1 9 8

Dez:206 Hex:CE
Din: 'N'
Alt 2 0 6

Dez:214 Hex:D6
Din: 'V'
Alt 2 1 4

Dez:222 Hex:DE
Din: '^'
Alt 2 2 2

Dez:199 Hex:C7
Din: 'G'
Alt 1 9 9

Dez:207 Hex:CF
Din: 'O'
Alt 2 0 7

Dez:215 Hex:D7
Din: 'W'
Alt 2 1 5

Dez:223 Hex:DF
Din: ' '
Alt 2 2 3

157

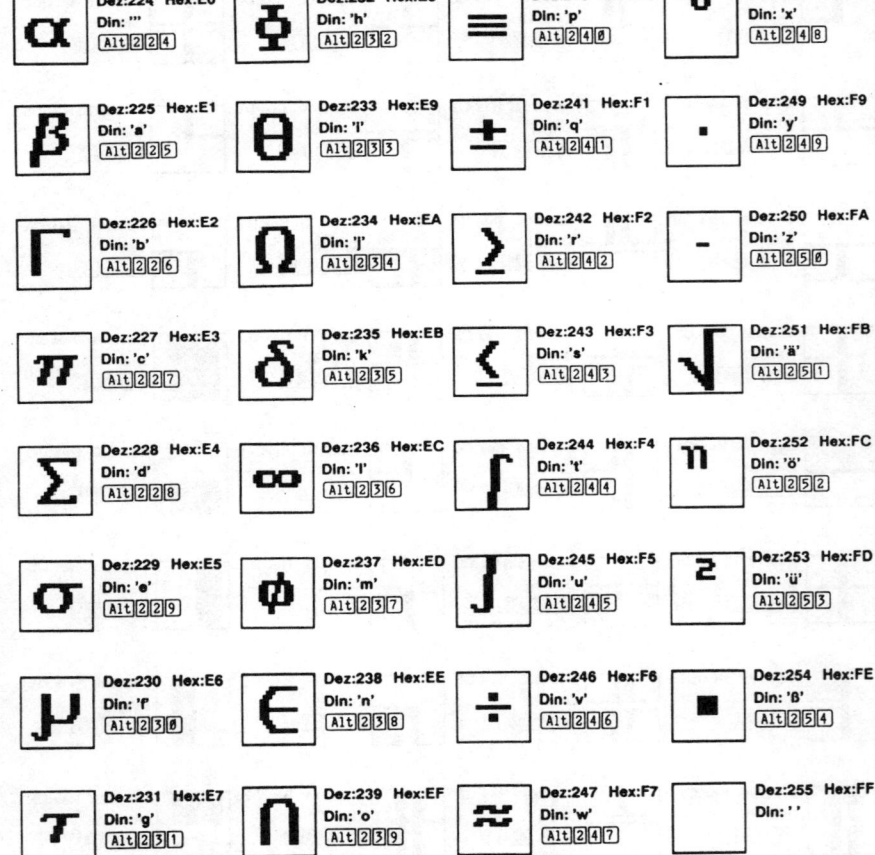

Dez:224 Hex:E0
Din: '''
Alt 2 2 4

Dez:225 Hex:E1
Din: 'a'
Alt 2 2 5

Dez:226 Hex:E2
Din: 'b'
Alt 2 2 6

Dez:227 Hex:E3
Din: 'c'
Alt 2 2 7

Dez:228 Hex:E4
Din: 'd'
Alt 2 2 8

Dez:229 Hex:E5
Din: 'e'
Alt 2 2 9

Dez:230 Hex:E6
Din: 'f'
Alt 2 3 0

Dez:231 Hex:E7
Din: 'g'
Alt 2 3 1

Dez:232 Hex:E8
Din: 'h'
Alt 2 3 2

Dez:233 Hex:E9
Din: 'i'
Alt 2 3 3

Dez:234 Hex:EA
Din: 'j'
Alt 2 3 4

Dez:235 Hex:EB
Din: 'k'
Alt 2 3 5

Dez:236 Hex:EC
Din: 'l'
Alt 2 3 6

Dez:237 Hex:ED
Din: 'm'
Alt 2 3 7

Dez:238 Hex:EE
Din: 'n'
Alt 2 3 8

Dez:239 Hex:EF
Din: 'o'
Alt 2 3 9

Dez:240 Hex:F0
Din: 'p'
Alt 2 4 0

Dez:241 Hex:F1
Din: 'q'
Alt 2 4 1

Dez:242 Hex:F2
Din: 'r'
Alt 2 4 2

Dez:243 Hex:F3
Din: 's'
Alt 2 4 3

Dez:244 Hex:F4
Din: 't'
Alt 2 4 4

Dez:245 Hex:F5
Din: 'u'
Alt 2 4 5

Dez:246 Hex:F6
Din: 'v'
Alt 2 4 6

Dez:247 Hex:F7
Din: 'w'
Alt 2 4 7

Dez:248 Hex:F8
Din: 'x'
Alt 2 4 8

Dez:249 Hex:F9
Din: 'y'
Alt 2 4 9

Dez:250 Hex:FA
Din: 'z'
Alt 2 5 0

Dez:251 Hex:FB
Din: 'ä'
Alt 2 5 1

Dez:252 Hex:FC
Din: 'ö'
Alt 2 5 2

Dez:253 Hex:FD
Din: 'ü'
Alt 2 5 3

Dez:254 Hex:FE
Din: 'ß'
Alt 2 5 4

Dez:255 Hex:FF
Din: ' '

	205	186	
201	203	187	
204	206	185	
200	202	188	

	196	179	
218	194	191	
195	197	180	
192	193	217	

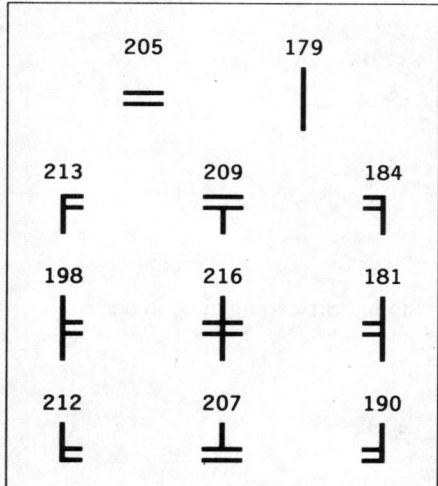

	205	179	
213	209	184	
198	216	181	
212	207	190	

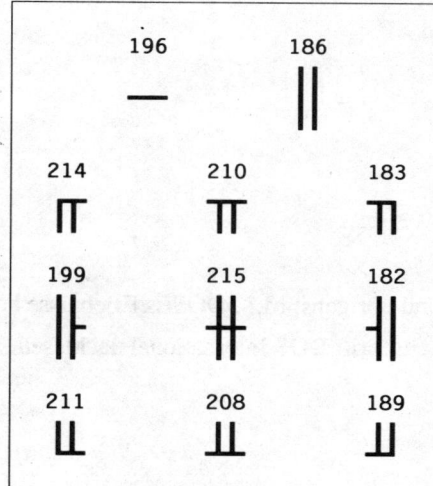

	196	186	
214	210	183	
199	215	182	
211	208	189	

Wie dieses Buch entstand

Geschrieben wurde es vor allem des Nachts auf einem Toshiba T1100 mittels Microsoft Word 4.0, gezeichnet mit einer Zeichenfeder EF und der hervorragenden FW non clogging waterproof india ink. Der Text wurde umbrochen auf einem 10-MHz-Hauruck-AT mit dem Aldus Pagemaker 3.0, der sich für diese Aufgabe hinreißend gut bewährt hat und kein einziges Mal Anlaß zur Klage gab. Gedruckt wurde auf einem HP LaserJet II mit den liebevoll handbearbeiteten Softfonts AD (ebenfalls von Hewlett Packard) in der Times Roman 14 auf 17 Punkt; Überschriften 30 Punkt. Zum Druck wurden die Vorlagen auf 65 Prozent verkleinert. Ach ja, und alle verwendeten Programme liefen unter DOS 2.11 und 3.3.

Und übrigens: M.S.-DOSEs Erlebnisse können Sie in Fortsetzung auch in der Zeitschrift DOS International nachlesen.